Gerhardt | Glauben und Wissen

[Was bedeutet das alles?]

Volker Gerhardt

Glauben und Wissen

Ein notwendiger Zusammenhang

Reclam

3. Auflage

RECLAMS UNIVERSAL-BIBLIOTHEK Nr. 19405
2016 Philipp Reclam jun. GmbH & Co. KG,
Siemensstraße 32, 71254 Ditzingen
Gestaltung: Cornelia Feyll, Friedrich Forssman
Druck und Bindung: Canon Deutschland Business Services GmbH,
Siemensstraße 32, 71254 Ditzingen
Printed in Germany 2018
RECLAM, UNIVERSAL-BIBLIOTHEK und
RECLAMS UNIVERSAL-BIBLIOTHEK sind eingetragene Marken
der Philipp Reclam jun. GmbH & Co. KG, Stuttgart
ISBN 978-3-15-019405-8

Auch als E-Book erhältlich

www.reclam.de

Inhalt

Vorbemerkung

Eine Abhandlung über Glauben und Wissen vorzulegen, ohne vorab in Erinnerung zu rufen, was bedeutende Denker zum Teil bereits unter demselben Titel zum Thema veröffentlicht haben, scheint dem Geist der Schule so sehr zu widersprechen, dass mancher geschichtskundige Leser den Text vermutlich erst gar nicht zur Hand nehmen möchte. Sucht er eine Erinnerung an die Theoretiker der Vereinbarkeit von Vernunft und Glauben, an Augustinus, Anselm, Averroes, Thomas, Meister Eckhart, Erasmus, Melanchthon oder Montaigne, tut er gut daran, das Büchlein gleich wieder beiseite zu legen. Auch nur den Neueren, wie Fichte, Schleiermacher oder Hegel, die gebührende Aufmerksamkeit zu schenken hätte von dem direkten Zugang abgelenkt, den ich zum Glaubensproblem der Gegenwart in der Sprache der Gegenwart suche. So musste ich auch auf eine Würdigung der dem 21. Jahrhundert näher stehenden religionsphilosophischen Anreger wie Peirce, James, Royce oder Jaspers verzichten. Nur der Aufklärer Immanuel Kant, dem ich in epistemischer, ethischer und theologischer Hinsicht besonders verpflichtet bin, wird gelegentlich erwähnt. Bei ihm ist mir mehr als bei allen anderen bewusst, was ich unerwähnt lassen muss.

Zur Rechtfertigung kann ich nur vorbringen, dass der gesuchte Zugang die globale Verdichtung der religiösen Konflikte als neuen Tatbestand anerkennt. Mit ihm haben sich die ohnehin nicht geringen weltpolitischen Spannungen vervielfältigt. Um unter dem durch Terror und Krieg verschärften Druck gleichwohl auch in religiösen Fragen gesprächsfähig zu sein, ist es vordringlich, über die Begrifflichkeit der religiösen Sprache aufzuklären. Man hat kenntlich zu machen, wie eng sie mit der allein durch die Technik von Tag zu Tag bedeutsamer werdenden Lebensmacht der Wissenschaft zusammenhängt und so mit der Alltagserfahrung auch in der globalen Zivilisation verbunden bleibt.

Die vorliegende Untersuchung kann dies nur an einem Beispiel zeigen, das aber ausreicht, um die Unverzichtbarkeit des Glaubens gerade auch unter den Bedingungen des Wissens kenntlich zu machen.

1 Der Anspruch auf epistemische Einheit

Das größte Problem, mit dem es der Glauben in der Moderne zu tun hat, besteht darin, dass er als historischer Vorläufer des Wissens angesehen wird. Die vorherrschende Meinung ist, der Glauben werde nicht mehr benötigt, sobald genügend wissenschaftlich geprüftes Wissen zur Verfügung steht.

So halten es viele nur für eine Frage der Zeit, bis Wissenschaft und Aufklärung so weit fortgeschritten sind, dass endlich auch jene, die heute immer noch an ihrem Glauben hängen, von der Rückständigkeit ihrer Einstellung überzeugt sein werden. Einige dieser vorzüglich soziologisch denkenden Aufklärer sind dabei so großzügig, den Gläubigen zuzugestehen, ihren Glauben zur didaktischen Versicherung moralischer Überzeugungen nutzen zu können. Und solange das noch nötig ist, können sich sogar überzeugte »Säkularisten« zu »Postsäkularisten« erklären, die mit verständnisvollem Wohlwollen auf alle blicken, die noch nicht so weit sind wie sie. Sie reden verständnisvoll über den Glauben, meinen aber, ihn selbst nicht nötig zu haben.

Die Überheblichkeit, mit der seit etwa dreihundert Jahren in Westeuropa über den religiösen Glauben geurteilt wird, so als könne das Wissen jemals in der Lage sein, die Lebensführung des Menschen zu übernehmen, kann als Reaktion auf den Unverstand angesehen werden, mit dem die institutionellen Machthaber des Glaubens ihrerseits über das wissenschaftliche Wissen geurteilt haben.

Die Abwehr des Glaubens, für die sich in den letzten Jahren vornehmlich Naturwissenschaftler starkgemacht haben, lässt sich somit gut verstehen. Ein Glauben, der sich gegen neues Wissen sperrt, zieht den Verdacht auf sich, in prinzipieller Opposition zum Wissen zu stehen. Nimmt man hinzu, was alles historisch im Namen des Glaubens verübt worden ist, wie viele Kriege in seinem Namen geführt worden sind und welche ungeheuren Menschenopfer die Religionen gefordert haben, ist es nur zu verständlich, in ihm den geborenen Widersacher des Wissens namhaft zu machen.

Und dennoch wird dem Glauben mit dieser Diagnose Unrecht getan. Er ist eine in allen Kulturen verbreitete, vermutlich jedes Individuum leitende, sich tatsächlich nur im menschlichen Verhalten äußernde und durchaus voraussetzungsvolle Leistung. Daran ändert nichts, dass man ihn auch als »Gnade« oder »Geschenk« ansehen darf; selbst Martin Luther betont, dass man ihn »üben« müsse. Denn Glauben setzt Wissen voraus. Also kann er nicht der vorgegebene Gegenspieler des Wissens sein, wie manche durchaus angesehene Wissenschaftler und nicht wenige Gläubige meinen.

Wenn wir das Wissen als Voraussetzung des Glaubens bezeichnen, soll das nicht heißen, Wissen könne auch für sich genommen werden und gänzlich unabhängig vom Glauben wirksam sein. Dann nämlich wäre es denkbar, dass Wissen sich selbst genügen und auf den Glauben, mit dem es seit seinem historischen Aufstieg in der menschlichen Zivilisation verbunden ist, verzichten könnte. Tatsächlich aber lässt sich zeigen, dass beide notwendig sind und somit im Kontext menschlicher Lebensführung nicht voneinander zu trennen sind.

Wissen und Glauben wurden in den ersten Jahrhunderten ihres allmählich zunehmenden Gebrauchs vermutlich gar nicht unterschieden. Es würde nicht überraschen, wenn sich eine ausdrückliche Unterscheidung erst mit wachsender Arbeitsteilung zwischen verschiedenen Formen des technischen, militärischen, administrativen, medizinischen und astronomischen Wissens herausgebildet hätte.

Die Arbeitsteilung dürfte mit der Dichte der Besiedlung, mit wachsendem Können und der Zunahme des grenzüberschreitenden Handels an Bedeutung zugenommen haben. Definitiven Einfluss hatte die fortschreitende Individualisierung in den Kulturen an den östlichen Küsten des Mittelmeers. Das ist ein bis weit ins dritte Jahrtausend v. Chr. zurückreichender Prozess, dessen Etappen sich im Gilgamesch-Epos, in den kunstvollen altägyptischen Klageliedern um 2000 v. Chr. und in den hochindividualisierten Gesängen des Königs Salomons verfolgen lassen. In Homers *Odyssee*, in den Tragödien des Sophokles und in den Dialogen Platons erscheint die Individualität bereits den Charakter des Subjektiven anzunehmen. Im *Euthyphron* und in der *Apologie* versteht sich Sokrates auf eine prägnante Unterscheidung zwischen Wissen (*epistēmē*) und Glauben (*pistis*). Doch erst die Verkündigung der christlichen Botschaft erfolgt bewusst und nachdrücklich in der Sprache des Glaubens.

Im klassischen Griechenland kommt es auch zu einer institutionellen Differenzierung zwischen den Einrichtungen der Bildung im Geist der entstehenden Wissenschaften und der Hingabe an die darstellenden Künste. Die Verselbstständigung politischer Instanzen nach dem Ende der Königsherrschaft in Athen (680 v. Chr.) sowie im nachfolgenden Aufbau einer demokratischen Ordnung im Lauf des sechsten vorchristlichen Jahrhunderts spielt ebenfalls eine Rolle: In jener Zeit werden den Tempeldienern politische Beschränkungen auferlegt, die ihren Beitrag zum gesellschaftlichen Leben auf enger gefasste kultische Leistungen begrenzen. In der Folge erhält die Tugend der Frömmigkeit ihr spezielles Gewicht; ihren Platz hat sie nicht *über*, sondern lediglich *neben* den anderen Tugenden. Gerechtigkeit, Besonnenheit und Weisheit treten in den Vordergrund philosophischer Aufmerksamkeit.

Die geschichtliche Ausdifferenzierung der Anwendungsfelder von Wissen und Glauben muss Thema einer speziellen Untersuchung bleiben. Sie stellt insbesondere für den Ursprungsbereich der großen Religionen im Vorderen Orient eine nicht geringe sprachliche und kulturhistorische Herausforderung dar. Uns muss es genügen, den auf Erkenntnis beruhenden, epistemischen Zusammenhang zwischen Glauben und Wissen zu exponieren, ohne dessen praktische Bedeutung aus dem Auge zu verlieren. Diese Bedeutung wiederum ist sowohl gesellschaftlich wie auch individuell, wobei der Glauben seine besondere Stellung dadurch erhält, dass er den Menschen existenziell verpflichtet. Hinzu kommt, dass der Glauben nicht erst dort benötigt wird, wo das Wissen an sein Ende kommt; er wird schon in Anspruch genommen, wenn der Mensch glaubt, sich auf sein – ja stets unabgeschlossenes und selten vollkommen gesichertes – Wissen verlassen zu können. Unter den Bedingungen des praktischen Lebensvollzugs fordern sich Wissen und Glauben wechselseitig heraus.

Die Angewiesenheit des Wissens auf den Glauben hat einen geschichtsphilosophischen Rang, der seinerseits von politischer Bedeutung ist. Beide haben damit zu tun, dass Wissen nicht allein als die geistige Macht gelten kann, die über Gegenwart und Zukunft des Menschen bestimmt. Selbst in der größten Begeisterung für das Wissen kann man nicht übersehen, dass es eine Reihe vorgelagerter Faktoren und Motive gibt, ohne die kein Wissen auskommt. Man muss etwas vom Wissen erwarten oder erhoffen, wenn man sich seiner Leitung anvertraut. Und man benötigt sowohl Disziplin wie auch Energie, wenn man Wissen erwerben, erst recht wenn man selbstbewusst mit ihm umgehen können möchte. Nicht erst die Vernunft, sondern bereits das Wissen hat ein Interesse nötig, um erworben zu werden und um es tätig anzuwenden. Doch selbst wenn es nur das Wissen gäbe, könnte niemand behaupten, der Gang der Welt sei dann allein mit einsichtigen und zwanglosen Mitteln zu bewältigen. Ja, man könnte noch nicht einmal sagen, was eine Einsicht bedeutsam macht und was wir eigentlich am friedlichen Umgang miteinander schätzen.

Selbst wenn man, wie es die Logik des verständigen menschlichen Handelns ohnehin gebietet, die Hoffnung auf Vernunft nicht preisgibt, wird man weder die Hoffnung noch die Vernunft auf bloßes Wissen gründen können. Das Vertrauen in ihre Kräfte geht augenblicklich in einen Glauben an die mögliche Verbindung von menschlichem Willen und natürlicher oder gesellschaftlicher Umwelt über, in der er etwas erreichen können soll.

Dem bereits hier wirksamen *epistemischen* Glauben kommt nur dann eine auch anderen Menschen zumutbare Bedeutung zu, wenn er vom zunächst *kulturellen* und schließlich *humanitären* Glauben an positive Auswirkungen auf andere getragen wird. Beide können individuell nur in Form eines *moralischen* Glaubens verbindlich werden. Und nimmt sich auch nur eine dieser Formen so ernst, dass sie sich mit der Erwartung universeller und existentieller Folgen verbindet, geht sie in einen *religiösen* Glauben über.

Wissen und Glauben gehören somit notwendig zusammen. Sie bedingen sich gegenseitig und haben beide, auch wenn das vielen Vertretern des Glaubens so wenig gefällt wie manchen Anwälten der Wissenschaft, ihren unverzichtbaren Anteil an der Vernunft. Diese nicht erst in der Vernunft, sondern bereits in der Selbstgewissheit des Wissens hervortretende Einheit von Glauben und Wissen ist Gegenstand der vorliegenden Untersuchung.

Die Überlegungen setzen mit einer exemplarischen Veranschaulichung des bis in die Gegenwart reichenden Konfliktpotenzials zwischen Wissen und Glauben ein. Sie demonstrieren dann im historischen Rückblick auf die Sprache der biblischen Überlieferung, wie wenig Anlass es gibt, hier von einem Gegensatz zu sprechen. Darauf folgt in drei wechselseitig aufeinander bezogenen Überlegungen die den Hauptteil ausmachende systematische Erwägung. Sie bietet kein leichtes Brot, ist aber um Verständlichkeit bemüht. Vorab bedarf nur die vermutlich befremdlich wirkende Rede von der »epistemischen Einheit« von Glauben und Wissen der Erläuterung:

Das Adjektiv »epistemisch« nimmt den griechischen Ausdruck für ›Wissen‹ (*epistēmē*) auf und vertraut darauf, dass die pragmatische Dimension des Wissens gegenwärtig bleibt. Darin sind für die Griechen verlässliches Erkennen, treffender Gebrauch und angemessenes Urteil verbunden. Im epistemischen Wissen ist zwar der Begriff das Bestimmende, aber nur in der korrigierenden Präsenz von Empfindung, Anschauung und Gefühl. Die epistemische Einheit ist somit darauf angelegt, nicht bloß allgemein Verständliches so aufzunehmen, dass es öffentlich wirksam werden kann. Sie beruht keineswegs allein auf Begriffen, die sich in wechselseitiger Kommunikation überprüfen und in der Rekonstruktion durch die äußeren Sinne versichern lassen. Vielmehr geht in sie auch das mit ein, was sich im affektiven Selbstverständnis der Wissenden mitteilen und vergegenwärtigen lässt. Die epistemische Einheit von Wissen und Glauben ist also auch auf Leidenschaften und Gefühle gegründet, ohne die wir nicht selbstbewusst mit dem Wissen umgehen, es nicht im Vertrauen auf seine Richtigkeit mitteilen und nicht in Erwartung einer gewünschten Wirkung anwenden könnten.

Das Wissen ist somit schon in seinem alltäglichen Gebrauch auf mehr angewiesen, als sein intellektueller Gehalt von sich aus erwarten lässt. Und der Glauben, wie immer wir ihn verstehen, hat keinen Bezug zur Welt, wenn er nicht auf etwas beruht, das sich nach Art eines Wissens aufnehmen und ergänzen sowie korrigieren und kommunizieren lässt. Das heißt nicht, dass man schon durch den Glauben zu Begriffen von sich, von der Welt oder von Gott gelangt, wohl aber, dass man sich in bereits vorgegebenen, mehr oder weniger prägnanten Begriffen von Selbst und Welt bewegt, ehe man sich im Glauben an ein Göttliches umso klarer und entschiedener selbst bestimmen kann.

In dieser Selbstbestimmung kann schließlich das Göttliche auch als Gott begriffen werden. Und in Bezug auf ihn kann alles, was immer einen Menschen angeht, eine Bedeutung erlangen, die allgemein aufs Ganze gerichtet und von einem Gefühl wie der Hoffnung, dem Vertrauen oder der Liebe getragen ist. Doch ohne Wissen von der Welt, ohne Bewusstsein von der personalen Gegenwart des Selbst bliebe das alles ohne Belang.

Mit der Anerkennung des Wissens kann also auch dem Glauben zu einem Bewusstsein verholfen werden, das zumindest in einem vollkommen sicher macht: in der Einsicht, dass wir in aller Wertschätzung des Wissens nichts dringlicher brauchen als einen Glauben, der im Wissen von der Welt und von der eigenen Gegenwart alles, was immer war, ist und sein kann, umfasst. Dies ist dann ein Glauben, der selbst in größter Verzweiflung nicht davon loskommt, an ein Wissen von der Welt, von der Zeit und der eigenen Existenz geknüpft zu sein.

Das Wissen bleibt somit die letzte verlässliche Brücke zur Welt, aus der ein Selbst nur im Glauben erlöst werden kann. Die Verbindung zwischen dem Ich und seinem Glauben steht unter den Bedingungen des Bewusstseins, dessen letzter Rest, soviel wir wissen, auf etwas beruht, das selbst noch ein sich entgleitendes Ich mit etwas verbindet, das es selbst nicht ist.

Diese Verbindung ist, solange sie besteht, eine des Wissens. Sie wird erst im Verlöschen des Bewusstseins unterbrochen und endet mit dem Tod. Der Tod lässt sich durch kein Wissen überbrücken. Wohl aber kann der Glauben mit seiner sinnlichen Vorstellungskraft über ihn hinwegzugehen suchen und dabei von der Zuversicht getragen sein, dass es eine über den Tod hinausgehende »Erlösung« gibt.

Wer das Leben erfahren hat, dem fällt es nicht schwer, den Tod selbst als »Erlösung« zu sehen. Wer aber bedenkt, wie sehr alles bewusste Leben, insonderheit das einer Person, über das eigene Dasein hinauszugehen sucht, der wird die Vorstellung der Unsterblichkeit nicht unverständlich finden. Sie kann zu einem Verhalten motivieren, das sich als wahrhaft universell versteht; sie kann Leistungen stimulieren, mit denen jemand über sich hinauswirken möchte, und vermag schließlich auch für die Hinterbliebenen tröstlich zu sein.

2 Konflikte zwischen Glauben und Wissen

Die Kritik an der Religion und den Kirchen füllt Bibliotheken und gibt den Medien bis heute tagtäglich hinreichend Anlass zu neuen Beschwerden. Deshalb genügt eine Erinnerung an die Verwerfungen, die es immer wieder zwischen Glauben und Wissen gegeben hat. Damit soll kenntlich werden, dass es keine Naivität ist, wenn im Folgenden die These vertreten wird, Glauben und Wissen seien nicht nur miteinander vereinbar, sondern aufeinander angewiesen.

Die mit den Namen von Kopernikus, Giordano Bruno, Galileo Galilei, Spinoza, Christian Wolff, Rousseau, Kant, Fichte, Charles Darwin und vielen anderen verbundenen Konfliktfälle der neuzeitlichen Wissenschaft, in denen sich die Vertreter des Glaubens so oder so ins Unrecht gesetzt haben, sind hinreichend bekannt. Die Liste der von Angehörigen aller Konfessionen verfolgten Denker, Forscher und Schriftsteller kann man getrost als endlos bezeichnen. Sie weist vom 19. Jahrhundert an in Westeuropa zwar zunehmend weniger Namen auf, ist aber, wie wir wissen, im Weltmaßstab noch lange nicht abgeschlossen.

Ein ins Zentrum von Wissen und Glauben zielender Fall, der hier an *erster* Stelle stehen soll, ist erst im 20. Jahrhundert bei der Aufarbeitung der Akten des Prozesses gegen Meister Eckhart ans Licht gekommen. Das 1326 mit einem Schuldspruch endende Inquisitionsverfahren in Köln und die durch den Tod des Philosophen 1328 nicht mehr entschiedene Berufung in Avignon standen offenbar auch unter dem Eindruck des Verdachts, es gebe eine Verbindung zur spirituellen Bewegung der *Freien Geister*, den *spiriti libertati*. Vermutlich wurden die geschichtlichen Spuren dieser Bewegung von kirchlichen Behörden so gründlich beseitigt, dass im öffentlichen Bewusstsein der nachfolgenden Jahrhunderte so gut wie keine Erinnerung an sie zurückgeblieben ist. Als sich vierhundert

Jahre später die Aufklärer unter gleichem Namen als *esprits libres*, *free spirits* oder *Freigeister* von den Fesseln der Tradition zu befreien suchten, ahnte keiner, dass es schon im später Mittelalter vornehmlich unter dominikanischen Nonnen und Mönchen »freie Geister« gegeben hatte, die von Theologie und Kirche als Bedrohung empfunden worden sind. Nietzsche, der in seinen Werken den »freien Geist« beschwört, wäre begeistert gewesen, hätte allerdings die christliche Inbrunst seiner mittelalterlichen Vorläufer verwerfen müssen.

Die so gelehrten wie frommen Christen verbanden sich unter Berufung auf ein großes Wort des Apostels Paulus, in dem es heißt: »Der Herr ist der Geist; wo aber der Geist des Herrn ist, da ist Freiheit« (2. Kor 3,17). Ihr Interesse war es, in ihrer eigenen Freiheit dem »Geist des Herrn« so nahe wie möglich zu sein. Soweit wir wissen, lag ihnen weder an der Bildung einer Opposition noch an der Gründung einer neuen Kirche. Sie wollten die Praxis des Glaubens vertiefen und die Wahrheit des Evangeliums durch mehr mitmenschliche Hilfe bezeugen. Dabei war ihr Selbstverständnis auch theologisch nicht unerheblich, erkannten sie doch, dass aller »Anfang«, der nach dem ersten Satz des Johannes-Evangeliums in *Geist* oder *Wort* (*logos*) besteht, in der Freiheit eines Gläubigen gegenwärtig zu sein hat.

Von dieser Wahrheit war die zum Beginen-Orden gehörende Margareta Porete erfüllt. In ihrer intellektuell und literarisch anspruchsvollen Schrift über den *Spiegel der einfachen Seelen*[1] gründete sie die Nachfolge Christi ganz auf die menschlichen Fähigkeiten der Liebe (*amour*) und der Vernunft (*raison*). Dass

1 *Le Mirrouer des simples âmes*, vermutlich seit etwa 1295 handschriftlich in Nordfrankreich verbreitet. Zur Geschichte der Autorin und ihrer Schrift siehe: Louise Gnädinger (Hrsg.), *Margareta Porete: Der Spiegel der einfachen Seelen. Wege der Frauenmystik*, Zürich/München 1987.

sie dies in einer unbedingten, nur auf den Glauben an Gott gestützten Weise verstand, wurde ihr als Missachtung der vermittelnden Stellung der Kirche ausgelegt. Da sie nicht bereit war, die beanstandeten Aussagen ihrer Schrift zu widerrufen, wurde sie 1310 in Paris öffentlich verbrannt.

In den gut zehn Jahre lang geführten Auseinandersetzungen um das Buch wird älteres scholastisches Wissen gegen eine besser begründete neue Einsicht ins Feld geführt, ohne Rücksicht darauf, dass hinter dem Neuen nicht nur ein treffendes Urteil über die exemplarisch gelebte Botschaft Jesu, sondern auch ein tieferes Verständnis des individuellen Anspruchs in der Nachfolge Christi steht. Wie das begriffen werden kann, kommt nirgendwo besser zum Ausdruck als in den Predigten Meister Eckharts. Sein durch individuelle Spiritualität vertiefter Glauben findet vor der zur rechtsförmigen Doktrin verhärteten Lehre keine Gnade. Gelebter Glaube steht gegen den zum behaupteten Wissen denaturierten Glauben.

Das *zweite* Beispiel ist anderer Art und reformatorischer Provenienz. Es bringt das beispiellose Unrecht in Erinnerung, das man dem hochbegabten Schweizer Humanisten Sebastian Castellio angetan hat. Unter dem Eindruck, den eine der letzten katholischen Ketzerverbrennungen 1540 in Lyon auf den jungen Gelehrten macht, schließt er sich Calvins Gefolge an. Der Reformator fördert ihn durch die Übertragung herausgehobener Ämter im neuen Schulsystem. Doch Castellio fällt in Ungnade, nachdem er das Verhalten reformierter Pfarrer kritisierte, die ihre Gemeinden in einer von der Pest befallenen Stadt verlassen und sich mit ihren Familien in Sicherheit gebracht hatten. Er wird seiner Ämter enthoben, flieht nach Basel, wo er von Gelegenheitsarbeiten im florierenden Druckereigewerbe lebt und Jahre braucht, um mit seinen Bibelübersetzungen zu neuem Ansehen zu gelangen. 1553 wird er ein zweites Mal Zeuge einer Hinrichtung, nun aber in Genf, wo ein protestantischer Abweichler unter dem Beifall Calvins öffentlich verbrannt wird.[2]

Castellio missbilligt die Todesstrafe, weil er meint, der Mensch dürfe dem Gottesgericht nicht vorgreifen. Vor allem aber sieht er in der Verfolgung der Häretiker eine Verletzung des schon von Paulus gelehrten Gebots der Toleranz. Mit seiner Verteidigung der Toleranz wird er zum führenden Anwalt dieses Grundprinzips im Miteinander der Menschen, vornehmlich in der zu allen Zeiten gebotenen, aber nur selten gewahrten Koexistenz der Religionen.

Für die geistesgeschichtliche Großtat seines Traktats über Freiheit und Toleranz wird Castellio von der heutigen Forschung gewürdigt. Doch für Calvin, dessen Prädestinationslehre er im Namen der Freiheit des Einzelnen ebenfalls kritisiert, ist der ehemalige Schützling zum »Werkzeug des Satans« geworden. Der so zur Verfolgung freigegebene Humanist ist erneut genötigt, sich zu verstecken, wird in Basel entdeckt und unter Anklage gestellt. Gegen sie kann er sich Anfang 1563 noch mit einem bewegenden Aufruf für Toleranz und Freiheit verteidigen. Noch ehe das Urteil gesprochen ist, stirbt er in der Haft.

An Calvins Reaktion auf die Einwände Castellios zeigt sich die verhängnisvolle Dogmatisierung eines Glaubens, der erst kurz zuvor aus dem Widerstand gegen den Dogmatismus einer älteren Kirche entstanden ist: Innerhalb weniger Jahre wird aus dem sich befreienden Glauben ein System starrer Behauptungen, das keine ihm gegenüberstehende Instanz eigenständigen Wissens anerkennt. Anders als die römische Kurie zur Zeit der *spiriti libertati* hatte die reformatorische Theologie

2 Zu Leben und Werk von Castellio siehe die Texte und Materialien in: *Das Manifest der Toleranz. Über Ketzer und ob man sie verfolgen soll* (*De haereticis an sint persequendi*, 1554), hrsg. von W. F. Stammler, Essen 2013.

im Renaissance-Humanismus eine korrigierende öffentliche Autorität an ihrer Seite. Und sie konnte noch wissen, dass sie ohne den Humanismus gar nicht hätte entstehen können. Der Glauben benötigt die Anregung und die Herausforderung durch das Wissen seiner Zeit; er ist auf die Förderung durch das aus eigenen Quellen schöpfende Wissen angewiesen, wenn er seine humane Kraft entfalten können soll. Doch diese in der Reformation liegende Chance wurde, wie wir nicht nur durch das Schicksal Castellios wissen, rasch vertan. Man schöpfte neue Kraft aus dem Glauben und suchte seine Verbindung zum Wissen produktiv zu nutzen; doch anstatt auf seine individuelle Offenheit zu vertrauen, gab man ihn als Wissen aus, das sich mit Macht behaupten ließ.

Ein *drittes* Beispiel ist demgegenüber von rührender Harmlosigkeit, illustriert aber eine Gefahr ganz eigener Art, die aus der Dogmatisierung – nicht des Glaubens, wohl aber des Wissens – folgt. Ihre programmatische Fassung erhält sie bereits im Positivismus Auguste Comtes, der die Phasen der menschheitlichen Entwicklung – nach Religion und Metaphysik – in die Positivität des bloßen *Wissens* einmünden lässt.[3] Wenig mehr als hundert Jahre später versucht der *Wiener Kreis* dem positivistischen Programm ein wissenschaftstheoretisches Fundament zu geben.

Noch bevor die (letztlich vergebliche) Arbeit an der positivistischen Selbstbegründung in Gang kommt, scheint Ludwig Wittgenstein bereits eine von allen geschichtsphilosophischen Hypotheken freie, rein szientifische Abkehr vom Glauben zu vollziehen. Er fasst sie in die Behauptung, man habe über alles zu schweigen, worüber man nicht sprechen kann. Zu diesem nur auf den ersten Blick trivialen Schluss gelangt Wittgen-

3 A. Comte, *Plan de travaux scientifiques nécessaires pour réorganiser la société*, Paris 1822.

stein, nachdem er das Kriterium für aussagekräftige Sätze so eng gefasst hat, dass man sinnvoll nur noch über das sprechen kann, was dem zuvor entwickelten Anspruch auf Sachhaltigkeit und Widerspruchsfreiheit genügt. Damit fallen alle bloß subjektiven Äußerungen, alle Annahmen und Mutmaßungen, alle Glaubens- und Unglaubensbekenntnisse aus dem Kanon strikter wissenschaftlicher Rede heraus – somit auch alles, was Wittgenstein als moralisch, ästhetisch oder religiös versteht.

Mit dieser für alle an Mitteilung und gemeinsamem Nachdenken, an Rat, Trost und Zuspruch interessierten Menschen verhängnisvollen Konsequenz endet der 1916 abgeschlossene und 1921 erstmals veröffentlichte *Tractatus logico-philosophicus*. Der mit der Ordnungsnummer 7 versehene letzte Satz: »Worüber man nicht sprechen kann, darüber muss man schweigen«[4] liest sich wie eine ultimative Auskunft. Angesichts der Aufmerksamkeit und Bewunderung, die das Buch in den nachfolgenden Jahrzehnten findet, hätte man erwarten können, dass es zumindest bei den Bewunderern Wittgensteins zu einem beredten Schweigen über die logisch tabuierten Themen kommt. Tatsächlich aber ist das Gegenteil der Fall: Das Schweigegebot löst einen nicht abreißenden Redeschwall aus und zieht eine Belebung der Beschäftigung mit moralischen und ästhetischen Fragen nach sich. Mit Blick auf die religiösen Probleme ergeht es dem Schlusssatz des *Tractatus* ähnlich wie Nietzsches Wort vom »Tod Gottes«: Man schweigt so wenig, wie man den angeblich toten Gott in Ruhe lässt.

Wittgenstein aber möchte über Gott nicht deshalb schweigen, weil er ihm – tot oder lebendig – gleichgültig geworden ist. Während uns Nietzsche glauben machen will, er müsse Gott schon aus persönlichen Gründen loswerden, um sich als

4 L. Wittgenstein, *Tractatus logico-philosophicus* (1920) (*Schriften I*), Frankfurt a. M. 1960, S. 83.

»freier Geist« endlich ganz aus eigener Kraft der großen Aufgabe der »Selbstüberwindung« hinzugeben, möchte Wittgenstein von Gott, vom Guten und vom wahrhaft Schönen schweigen, um sie nicht zu Objekten gedankenloser Rede werden zu lassen! Gott ist für ihn ein derart erhabenes Wesen, dass er es unter keinen Umständen in die Niederungen des menschlichen Meinungsstreits hineingezogen sehen möchte. Und um zu verhindern, dass man über Gott schwafelt (auf Wienerisch: »schwefelt«), solle er gar nicht erst zum Thema werden.

Nicht weil Wittgenstein Gott für nicht existent und das Nachdenken über ihn für belanglos hält, betreibt er dessen Ausschluss aus dem wissenschaftlichen Diskurs. Es ist vielmehr so, dass Wittgenstein Gott, nach bester metaphysischer Tradition, als absolut ansieht. Das Absolute aber lässt sich angemessen weder durch einen Begriff noch durch eine sachhaltige Aussage erfassen. Also ist man es Gott schuldig, ihn gar nicht erst zum Gegenstand einer allgemeinen Rede werden zu lassen. Einzig durch die gute Tat, durch ein dem Geist Gottes folgendes Tun, ist es dem Einzelnen möglich, Gott nahe zu sein.

Wir wissen heute, was zur Zeit der Abfassung des *Tractatus* nur wenige Vertraute wussten: Wittgenstein hatte sich mit den Schriften älterer und neuerer Mystiker befasst und glaubte, sich an Tolstois innigem Verständnis des Evangeliums ein Beispiel nehmen zu können.[5] Ihm kam es nicht darauf an, den Glauben durch Reden unter Beweis zu stellen; für ihn stand das so selbstverständlich wie selbstlos erfolgende mitmenschliche Tun im Vordergrund. Also schätzte er problembeladene Aussagen über die Bedeutung Gottes für die Welt ebenso we-

5 Vgl. dazu Tolstois *Kurze Darlegung des Evangeliums* sowie die volkstümliche Erzählung *Die beiden Alten*. Siehe dazu die erhellende und materialreiche Studie von Matthias Iven, *»Wenn etwas Gut ist so ist es auch Göttlich.« Die Ethik im Leben Ludwig Wittgensteins*, Milow/Berlin 2002.

nig wie metaphysische Erörterungen über die Modalitäten des göttlichen Seins.

Nun ist es aber so, dass Wittgenstein im Umgang mit Vertrauten im Familien- und Freundeskreis sehr wohl zur Sprache bringen konnte, wovon öffentlich keine Rede sein sollte. Auch in seinem Tagebuch schweigt er über seinen Hang zur meditativen Versenkung ins Göttliche keineswegs.

In der Zurückhaltung gegenüber der Öffentlichkeit liegt ein gutes Recht eines jeden. Wenn jemand persönliche Gründe hat, über seine künstlerischen oder religiösen Präferenzen nicht zu sprechen, wäre es eine nicht zu billigende Zudringlichkeit, ihn öffentlich dazu herauszufordern. Es muss einen Schutz der Privatsphäre geben, der auch für Philosophen gilt, obgleich es ihr Metier sein sollte, über alles im Zusammenhang mit allem nachzudenken – und darüber klärend zu sprechen. Also kann man grundsätzlich durchaus erwarten, dass ein Philosoph sich zu Fragen und Themen äußert, die sich anderen Wissenschaften nur schwer erschließen. Nur *nötigen* kann man ihn zu solchen Auskünften nicht, selbst wenn es dazu gute sachliche Gründe geben sollte.

Etwas anderes ist es hingegen, wenn jemand die prinzipielle Unsagbarkeit bestimmter Themen zu dekretieren sucht, die Gründe dafür mögen noch so geistvoll sein. Tatsächlich kann man Wittgenstein zugute halten, dass sein Diktum unter höchsten ethischen Ansprüchen steht. Das Unaussprechliche des Absoluten möchte er nicht nur jedem Geschwätz, sondern auch jeder nach allemal unzutreffenden Kriterien getroffenen Entscheidung entziehen.[6]

6 So bemüht sich Holm Tetens in seinem Kommentar zum *Tractatus* (Stuttgart 2009, ²2015) höchst eindrucksvoll darum, die ethischen und religiösen Motive in Wittgensteins Selbstbeschränkung zu exponieren, geht aber in seinem eigenen Versuch, der rationalen Theologie erneut zur Anerkennung zu verhelfen (*Gott denken*,

Leider ist Wittgenstein damit in seinen wissenschaftlichen Aussagen von einem Positivisten kaum zu unterscheiden. Wer meint, sinnvolles Sprechen sei allein unter Bezug auf empirische Tatsachen sowie unter Verzicht auf alles möglich, was nicht zur reinen Faktizität gehört, fordert eine Beschränkung aller gehaltvollen Aussagen auf das, was der Fall ist. Und so verbleibt Wittgenstein, trotz seiner hohen Selbstansprüche, im *juste milieu* des verbreiteten Positivismus stecken. Er kann es sich noch nicht einmal erlauben, über die Lebendigkeit der Natur, geschweige denn über etwas zu sprechen, was mit der Freiheit des Menschen, mit seinen ethischen Erwartungen oder mit seinen ästhetischen Vorlieben zusammenhängt.

Solange es um methodologische Empfehlungen zur Abgrenzung einzelner Wissenschaften geht, kann man natürlich Festlegungen über die Zugehörigkeit bestimmter Themen und Probleme treffen. Aber sobald daraus eine Direktive für das öffentliche Sprechen überhaupt wird, schlägt das methodische Gebot des Schweigens ins Unsägliche um: Dann sind auch die allgemein interessierenden, unvermeidlich strittigen Fragen, um die es in Ethik, Kunst und Religion nun einmal geht, unter den Generalverdacht der Sinnlosigkeit gestellt. Und sind sie erst als bedeutungslos definiert, liegt nichts näher als ihre Vertreibung aus dem öffentlichen Raum der Wissenschaft.

So wird aus dem Anspruch auf Wissen und Wissenschaftlichkeit ein dogmatisch vertretenes Sprechverbot. Gegen sie ist daran festzuhalten, dass, selbst wenn es Sachverhalte gibt, über die man mit guten Gründen keine eindeutigen Aussagen machen kann, das Sprechen über sie nicht untersagt werden darf. Denn mit einem solchen Tabu wären sie aus dem Horizont menschlicher Verständigung ausgeschlossen, zu dem die

Stuttgart 2015), über die von ihm selbst so trefflich auseinandergesetzten Prämissen Wittgensteins hinaus.

Wissenschaft, gerade auch in extremen Lagen, ihren Beitrag zu leisten hat. Das Wissen dient menschlichen Bedürfnissen und Erwartungen und hat einen nicht geringen Anteil daran, dass sich der Mensch Chancen eröffnet, die nicht nur das bisher Bekannte, sondern auch das bislang Zulässige übersteigen.

Spätestens in diesem Moment kann ihn das Wissen nicht versichern; wohl aber vermag der Glauben dem Menschen zu helfen, in der Ratlosigkeit angesichts unabsehbarer Gründe und Folgen sein Gesicht zu wahren. Schon in der Verantwortung gegenüber einer Wissenschaft, die nur in einzelnen Fragen eine beschränkte Berechenbarkeit erlaubt, im Ganzen aber die Ungewissheit des menschlichen Schicksals erhöht, kommt niemand ohne den guten Glauben an die Unverzichtbarkeit des Wissens aus. Das ist das Minimum des Glaubens, auf den bereits die wissenschaftliche Zivilisation gegründet ist – von dem Glauben, den wir zu einem selbstbestimmten Leben in wechselseitiger Achtung voreinander und mit Respekt vor den Bedingungen der Natur benötigen, ganz zu schweigen.

3 Einheit im Ursprung von Wissen und Glauben

Die Beispiele haben uns vor Augen geführt, dass es nicht nur einen Dogmatismus des Glaubens gibt, mit dem man sich über das Wissen hinwegzusetzen sucht, sondern auch einen Dogmatismus des Wissens, der den Glauben verleugnet. Den finden wir nicht nur bei Comte, sondern selbst bei Nietzsche, sosehr er gegen das Wissen polemisiert; denn sogar bei ihm bleibt es ein Wissen (von der Geschichte, von der Kultur oder der Kunst), das er gegen die Existenz Gottes in Anschlag bringt. Wittgensteins Dogmatismus ist ein Sonderfall, weil er den logischen Charakter des jedermann zugänglichen Wissens für ungeeignet hält, der nur im Erleben und im mitmenschlichen Tun zu erfahrenden Gegenwart Gottes nahe zu sein.

Das Kuriose an dem die europäische Religionsgeschichte durchziehenden Streit zwischen Wissen und Glauben ist, dass man von Anfang an hätte wissen können, dass es keine Unvereinbarkeit zwischen Wissen und Glauben gibt. Worüber man streitet, ist in allen Fällen ein mit mehr oder weniger Wissen angereichertes Bekenntnis, das sich als Voraussetzung, Teil oder Folge einer stets durch Wissen charakterisierten Lehre begreift. Wenn deren Gehalt sich nicht hinreichend durch Erfahrungswissen, argumentative Begründung oder logische Konsistenz auszeichnen lässt und dennoch für wahr gehalten werden soll, hat man an seine Wahrheit zu *glauben*.

So empfiehlt es sich nicht nur im Umgang mit religiösen Lehren. Studien über die sogenannte Paradigmenbildung in der neuzeitlichen Physik haben offengelegt, dass so zuweilen auch mit wissenschaftlichen Theorien verfahren wird. Man bringt ihnen ein hohes Maß an Vertrauen entgegen, das den ernsthaften Umgang mit ihnen erleichtert. Nicht selten aber bleiben dem Ansatz oder den Folgerungen widersprechende empirische Befunde unbeachtet, um sich Zweifeln, störenden

Nachfragen und unbequemen Irritationen zu entziehen. Die Bestätigung der auch gegen Widerstände weiterhin für wahr gehaltenen (und somit nur *geglaubten*) Theorie steht im Vordergrund. Sie vermag sich vor allem dort zu halten, wo es keine gravierenden Konflikte mit anderen sich als unverzichtbar erweisenden Konkurrenztheorien gibt.

Das Ende der uneingeschränkten Dominanz der Newton'schen Mechanik unter dem Eindruck des vordringenden Wissens über thermodynamische Vorgänge gilt inzwischen als klassischer Beleg für einen Paradigmenwechsel von etwas, das mittlerweile nur noch geglaubt werden konnte, zu einem durch neue Erklärungen bestätigten (allemal vorläufigen) Wissen. Einsteins wissenschaftlicher Rang hat sich bereits vor seinem Durchbruch zur eigenen Theorie darin gezeigt, dass er den Gegensatz zwischen den widerstreitenden älteren Theorieansätzen ernst nahm und sich schließlich genötigt sah, den Weg zu einer völlig neuen Lösung im Rahmen der speziellen und allgemeinen Relativitätstheorie einzuschlagen.

Um gar nicht erst den Verdacht aufkommen zu lassen, mit dem Verweis auf die Wissenschaftsgeschichte werde eine Parallele bemüht, die vielleicht nur auf einer Analogie in Methode oder Terminologie beruht, ist es besser, sich direkt auf die Wissensbestände zu beziehen, die in den religiösen Lehren zum Gegenstand des Glaubens werden. An ihnen zeigt sich, dass Wissen und Glauben, sofern sie überhaupt unterschieden wurden, ursprünglich eng miteinander verbunden waren und selbst noch im Gründungsdokument der jüdischen Religion, auf das sich auch Christen und Muslime berufen, nur schwer zu unterscheiden sind.

Für den modernen Leser ist die Schöpfungsgeschichte des Alten Testaments nur noch ein Gegenstand des Glaubens. Auch von den gläubigen Juden, Christen und Moslems wird sie als Urkunde ihres Glaubens angesehen. Für die aber, die vor vielleicht fünftausend Jahren die ersten Teile der großen Erzählung auf den Weg gebracht haben, stellte sie ein anschaulich vergegenwärtigtes Wissen mit denkbar großer Überzeugungskraft dar. Wer sich einst von dem kunstvollen Vortrag und seiner Bildkraft angesprochen fühlte, der konnte gar nicht anders, als dem im Modus verlässlichen Wissens dargebotenen Inhalt auch zu glauben.

Mit dieser Erwartung dürften auch jene priesterlichen Schriftgelehrten tätig gewesen sein, die mehr als tausend Jahre später die überlieferten Erzählungen gesammelt und zu einem auf das jüdische Volk bezogenen Textkorpus zusammengestellt haben. In dem auf Schriftrollen festgehaltenen Text der Genesis wird alles nach Art eines historischen Berichts geschildert, der den Anspruch auf korrekte Wiedergabe erhebt. Hier zwischen Wissen und Glauben auch nur unterscheiden zu wollen verkennt den Charakter der biblischen Schrift.

Erst vor dem Hintergrund der sich in den nachfolgenden Jahrtausenden ansammelnden Erfahrungen, vornehmlich durch die zu Differenzierungen nötigenden natur- und kulturgeschichtlichen Einsichten, sah man sich veranlasst, den Wahrheitsgehalt dieser Texte in Zweifel zu ziehen: Das hat nicht nur damit zu tun, dass sich das Wissen seitdem beträchtlich erweitert hatte. Es beruht vor allem auch darauf, dass mit den Jahren Methoden und Institutionen der Überprüfung des Wissens hinzugekommen sind, für die es anfangs noch gar keine Instrumentarien gab. Zu den ebenfalls erst später hinzutretenden Momenten gehört das selbst- und weltkritische Individuum, das sich als Instanz der Prüfung von Wahrheit und Zumutbarkeit begreift. Erst mit ihm kommt der ausdrücklich so genannte Glauben in die Welt.

Verstehen wir den Schöpfungsbericht nach Art eines wissenschaftlichen Dokuments, kann ihn heute niemand mehr glauben. Daran ändern auch die sogenannten Kreationisten nichts.

Man kann die nach wie vor eindrucksvolle biblische Schilderung des Schöpfungsgeschehens als Quelle zur Deutung von Geschichte und Kultur der Juden heranziehen, man kann sie in ihrer literarischen Form beachtlich finden und in ihrer kraftvollen Metaphorik schätzen. Aber was sie über die kosmologischen und evolutionären Vorgänge, über anthropologische und historische Tatbestände mitteilt, kann unter keinen Umständen noch als Wissen gelten; und wer ihnen dennoch wörtlich Glauben schenken sollte, kann bestenfalls als rückständig gelten.

Denn wie sollte Gott in sechs Tagen aus dem Nichts das Ganze der dem Menschen vor Augen stehenden Welt geschaffen haben? Wie könnte es möglich gewesen sein, nicht nur Himmel und Erde, Tag und Nacht, sondern auch Land und Meer und mit ihm die ganze Vielfalt des Lebens in so kurzer Zeit nicht nur hervorzubringen, sondern aufeinander abzustimmen? Wie passt der Bericht über die Erschaffung des Menschen als singuläres Einzelwesen, dem das ihn zum Paar ergänzende Gegenstück erst aus dem Leib geschnitten werden muss, zur Anlage des Lebens, in das sich der Mensch als Geschöpf ursprünglich einfügen können soll? Sollte es den Menschen zunächst nur, wie Gott, als Einzelwesen geben? Darf man annehmen, dass Gott, wenn er ein Detail seiner Schöpfung als »nicht gut« (Gen 2,18) bezeichnet, einen von ihm gemachten Fehler einsieht, den er dann, nachdem er alles andere aus Lehm gemacht hat, durch Modellierung einer Adam zuvor entnommenen Rippe korrigiert?

Das sind nur einige Fragen zum naturhistorischen Hintergrund, auf die es inzwischen prägnant vom Text der Bibel abweichende Antworten gibt. So bleibt nichts übrig, was in Fragen der Weltentstehung und der Menschwerdung heute noch auf den Charakter eines Wissens Anspruch erheben kann. Will man dennoch etwas für das neuzeitliche Wissen retten, etwa um Aufschluss über das frühgeschichtliche Welt- und

Selbstverständnis des Menschen zu erhalten, muss man den Schöpfungsbericht (mit Kant) als »Mutmaßung« oder (in der Nachfolge Schleiermachers und Cassirers) als »Mythos« ansehen, den es (mit Bultmann) zu »entmythologisieren« gilt. Dann kann er uns in allegorischer Form etwas darüber sagen, wie die Menschheit das Unglaubliche ihres Daseins und das Unfassbare ihres eigenen Werdens verstanden hat. Wer immer aber den heiligen Text wörtlich als Wahrheit anzunehmen sucht, der geht leer aus. Er bleibt mit einem Glauben zurück, der seinem heutigen Wissen ganz und gar widerspricht.

An diesem Urteil ist nichts zu deuteln. Gleichwohl erscheint die biblische Schöpfungsgeschichte in einem anderen Licht, wenn wir sie aus der Position derjenigen zu betrachten suchen, die sie erdacht und erstmals erzählt haben. Zur Zeit ihrer ersten Narration (und gewiss auch noch in den Phasen ihrer späteren Fixierung) war sie auf der Höhe des Wissens ihrer Zeit. Was die Autoren in die Form einer fasslichen Geschichte bringen, dürfte auf dem Stand der Vorstellungen und Kenntnisse gewesen sein, über die man damals in Mesopotamien, Ägypten und Palästina verfügte. Es gab also keinen Anlass zu einem Zweifel, der zu einer Unterscheidung zwischen »Wissen« und »Glauben« genötigt hätte, gesetzt, es hat sie zur Zeit der Niederschrift der Genesis bereits gegeben.[7]

Immerhin kennt das Alte Testament einen differenzierenden Wortgebrauch. Prägnant begegnet er dort, wo es um ein

7 Für den Ursprungsbereich der großen Religionen im Vorderen Orient stellt die Ausdifferenzierung der Anwendungsfelder von Wissen und Glauben keine geringe Herausforderung dar. Sie vereinfacht sich nur dadurch, dass im sumerisch-babylonischen wie auch im ägyptischen Sprachraum noch nicht zwischen Wissen und Glauben unterschieden wird. – Für die Auskunft danke ich Eva Cancik-Kirschbaum, Ingelore Hafemann sowie Yael Glas Shechter und Eva Shechter.

außergewöhnliches Vertrauen in die Zukunft geht und es einem Individuum abverlangt wird, manifeste Zweifel zu überwinden: Das ist bei dem zunächst noch »Abram« genannten Abraham der Fall, der, nach schweren politischen Enttäuschungen und als hochbetagter Mann noch immer ohne Erben, plötzlich die Stimme Gottes mit einer Verheißung vernimmt, die ihm und seinem Stamm »großen Lohn« ankündigt (Gen 15,1). »Herr, mein Herr«, fragt der vom Leben enttäuschte »Abram«, »was willst du mir schon geben?« In der Antwort wird ihm nicht eben wenig angekündigt: nämlich eine große Nachkommenschaft mit einer ungeahnten geschichtlichen Wirksamkeit.

Wir wissen aus dem weiteren Gang der Lebensgeschichte des Greises, dass seine berechtigten Zweifel wiederholt aufflackern. Nach weiteren Enttäuschungen muss der Herr erneut seine Stimme vernehmen lassen, um dem Hundertjährigen einen gemeinsamen Sohn mit seiner neunzigjährigen Frau Sarah anzukündigen; die kann darauf ein Lachen nicht unterdrücken (Gen 18,12). Am Ende aber wissen wir, dass Gott seine phantastischen Zusagen tatsächlich erfüllt, und wir hören auch, dass bei ihm »nichts unmöglich« sein soll (Gen 14).

Und so heißt es trotz aller Zweifel: »Abram glaubte dem Herrn, und der Herr rechnet ihm dies als Gerechtigkeit an« (Gen 15,6). Das wird noch im Neuen Testament, in dem »Glauben« zum Zentralbegriff avanciert, für so bemerkenswert gehalten, dass Abraham als Stammvater aller Glaubenden gilt (Heb 11,8–17).

Es gibt, wie gesagt, vergleichsweise wenige Stellen im Alten Testament, an denen vom Glauben die Rede ist; im Zentrum steht das Wissen – auch und gerade von dem in der Schöpfung und in seinen Taten gegenwärtigen Gott. Selbst dort, wo man, wie im Buch Hiob, den Begriff erwartet – insbesondere in der hoch individualisierten Einschaltung des Elihu (Ijob 32–37) –, ist durchweg von Wissen (und von Weisheit) die Rede. Anders ist es hingegen bei Jesaja. Hier vernimmt man einen existentiellen, gegen bestehende Zweifel angestimmten Ton, der auf die sprunghaft ansteigende Verwendung des Wortes im (griechisch geschriebenen) Neuen Testament vorausweist: Der Prophet fordert seine Landsleute zur Standhaftigkeit im Widerstand gegen die Feinde auf und sagt: »Glaubt ihr nicht, so bleibt ihr nicht« (Jes 7,9).

Hier ist der Wortgebrauch schon nahe an jener Definition, mit der im Hebräer-Brief (im Geist des Apostels Paulus) der eindrucksvolle Rückblick auf die großen Glaubenszeugen der jüdischen Tradition eröffnet wird: »Glaube aber ist: Feststehen in dem, was man erhofft. Überzeugtsein von Dingen, die man nicht sieht« (Heb 11,1). Damit ist man im Bereich einer gesicherten Unterscheidung zwischen Glauben und Wissen, die Paulus aus dem Griechischen kennt und die schon früher über die alexandrinischen Juden in die jüdischen Stammlande gelangt sein kann.

Das Christentum tritt von Anfang an im Zeichen einer als bekannt vorausgesetzten Unterscheidung auf und gibt ihr eine besondere Pointe, indem es den Glauben, nach sokratischem Vorbild, individualisiert. Während die Lexikographen den hebräischen Ausdruck im Alten Testament nur 51 Mal verzeichnen, ist er in dem weniger umfangreichen Textkorpus des Neuen Testaments 243 Mal in seiner griechischen Wortform vertreten.

Der Anspruch auf persönliche Nachfolge, verbunden mit der Möglichkeit (auch ohne Beachtung der Herkunft und ohne Beschneidung), Christ zu sein, gibt dem Glauben in seiner persönlichen Einfärbung ein neues Gewicht. Zwei Brüder können Angehörige des gleichen Volkes und dennoch unterschiedlichen Glaubens sein. Spätestens mit den schriftlichen Berichten über solche Fälle, die zur Verstärkung des Missionsauftrags herangezogen werden, erfolgt die theologische Auszeichnung der individuellen Nachfolge, und das Sprechen über den Glauben gewinnt exemplarischen Charakter. Wer als Individuum glauben können soll, ohne die Frohe Botschaft mit eigenen Ohren gehört zu haben, braucht ein Beispiel, um überzeugt zu werden. Wie tief diese Individualisierung in die christliche Lehre eingelassen ist, zeigt sich nicht zuletzt darin, dass der zum Christus gewordene Jesus von Nazareth in seinem Leben und Leiden selbst ein Beispiel für die Liebe Gottes ist.

Es bedarf keines besonderen Deutungsaufwands, um die in das Evangelium eingesenkte Individualität als eine Voraussetzung für die Liberalität zu erkennen, in der wiederum eine Bedingung für die bis heute fortwirkende Modernität des Christentums zu erkennen ist. Das ist gewiss ein anderes Thema; aber die politische Konnotation hat selbst einen politischen Hintergrund: Die sich von allen überkommenen ethnischen, kulturellen, sprachlichen und theologischen Voraussetzungen befreiende christliche Lehre passt bestens in die von stärksten Glaubensgegensätzen zerklüftete politische Lage im Römischen Reich. Und da sich die Moderne, vornehmlich in ihrer Selbstwahrnehmung zu Beginn des 21. Jahrhunderts, mit vielem vergleichen lässt, was für die Lage des Römischen Imperiums charakteristisch ist, könnte hier auch eine äußere Bedingung dafür liegen, dass sich die damals in den Sprachschatz der Menschheit eingegangene Unterscheidung zwischen Wissen und Glauben so lebendig erhalten hat.

Dafür spricht die damals noch nicht in Zweifel gezogene Überzeugung von der Unverzichtbarkeit des Wissens, wann immer man zum rechten Glauben finden können soll. In diesem Sinn hat Paulus die Integration der antiken Gelehrsamkeit in der begrifflichen Durcharbeitung der christlichen Lehre betrieben, und die Kirchenväter sind ihm darin gefolgt.

Kehren wir noch einmal zur biblischen Schöpfungsgeschichte zurück: Das Wissen, das ihr zur Zeit der biblischen Fixierung zugrunde liegt, ist nahezu dreitausend Jahre alt. Wir können es nur als Beleg für einen längst überholten Kenntnisstand nehmen, der uns kaum mehr als historische Aufschlüsse über das damals in gebildeten Kreisen vorherrschende Bewusstsein bietet. Doch durch das, was darin an Aussagen über den Menschen, über seine Stellung zur Natur sowie zum Verhältnis zu Gott und zu sich selbst zu finden ist, hat es sich längst als vorrangiges Zeugnis für die menschliche Selbstverständigung in der kulturellen Frühzeit erwiesen. Unabhängig davon, ob wir es als Juden, Christen oder Moslems oder mit dem Interesse eines Kulturwissenschaftlers lesen, kann es bis heute darüber belehren, wie der Mensch die Welt versteht und was daraus für sein Handeln folgt.

Man kann, wie es häufig geschieht, die Schöpfungsgeschichte als »mutmaßlich« oder »mythisch« auf Distanz zur Gegenwart bringen. Dagegen ist nichts zu sagen, solange es nicht mit einer Verabsolutierung des heutigen Wissens verbunden ist. Im Bewusstsein des eigenen Wissens vergisst man in der Tat nur zu leicht, wie wandelbar und vergänglich es selbst sowohl in seinen Formen wie in seinen Inhalten ist. Insbesondere die Kritiker des Wissens und der Wahrheit, die beklagen, dass beide dem Leben angeblich so starr gegenüberstehen, lassen die unablässigen Umwälzungen außer Acht, die durch die Wissenschaft zunehmend beschleunigt werden. Der Wandel des Wissens gehört zu den grundlegenden Tatbeständen der menschlichen Kultur, denn der Mensch legt es in so gut wie allen seinen Tätigkeiten darauf an, neue Erfahrungen zu machen und nicht auf dem vorgegebenen Stand des Wissens zu verbleiben. Die Wissenschaft macht das zu ihrer Methode. Sie ist auf ständigen Zuwachs berechnet, der immer auch ein Veralten überlieferter Bestände einschließt.

Es ist also nichts Besonderes daran, dass die Kenntnisse, auf denen die Erzählung der Genesis beruht, heute verfallen sind.

Schließlich befindet sich auch unser Wissen, mit dem wir über Traditionsbestände oder über evolutionäre Abläufe urteilen, im Fluss. Die Relativität des Wissens ist nicht nur den überkommenen Texten zugutezuhalten, sondern auch bei unserer eigenen Gewichtung in Rechnung zu stellen. Von einigen logischen, mathematischen und physikalischen Konstanten abgesehen, gibt es nur wenig, was uns auf den Fortbestand unseres derzeitigen Wissens setzen lässt. Gleichwohl vertrauen wir auf das Wissen, doch sind wir in eben diesem Vertrauen nicht weit vom Glauben entfernt.

Vor dem Hintergrund der Wissenstradition, auf die sich die Religionen in ihren Anfängen stützen, stehen wir heute somit vor der Frage, was unser Glauben an das Wissen mit einem Gott zu tun haben kann, der einst auch als ein Tatbestand des Wissens galt. Und tatsächlich ist der Glauben an das Wissen vom Glauben an das Göttliche keineswegs so weit entfernt, wie es das säkulare Selbstverständnis des modernen Menschen gerne hätte. So gesehen, bleibt er der Schöpfungsgeschichte, die noch nicht zwischen Wissen und Glauben trennt, stärker verbunden, als ihm vielleicht lieb ist.

Das Fazit dieses zweifachen Rückblicks – zunächst auf die dogmatischen Streitigkeiten zwischen Glauben und Wissen und dann auf die biblische Artikulation eines Glaubens im Medium des Wissens – lehrt uns, Glauben und Wissen nicht wie feindliche Brüder anzusehen. Beide sind Ausdruck eines Bemühens um ein mitteilbares Verständnis der Welt, das dem Selbstverständnis des Menschen angemessen ist. Wissen wird auf beiden Seiten in Anspruch genommen, und Glauben wird auf beiden benötigt, kommt aber mit zunehmender Individualisierung und im Bewusstsein der Unsichtbarkeit Gottes immer mehr zur Geltung. Ihr Zusammenhang ist derart eng, dass sich die Frage stellt, was sie eigentlich unterscheidet. Auch auf sie soll in der nachfolgenden Erörterung eine Antwort gegeben werden.

4 Wissen kommt nicht ohne Glauben aus

Das »Drei-Stadien-Gesetz«, erstmals in populärer Fassung von Thomas Paine formuliert und dann durch Auguste Comte zum Generalbass des geschichtlichen Selbstverständnisses im 19. und 20. Jahrhundert geworden, wird nur noch selten zitiert; dennoch gehört es zu den fortwirkenden Glaubenssätzen unserer sogenannten Wissensgesellschaft. Am Anfang der menschlichen Zivilisation, so die These, habe die Religion gestanden. Auf sie folge eine in ihrer rationalen Form deutlich von ihr abgesetzte, ihr aber in den Inhalten angeblich noch stark verpflichtete Metaphysik, die dann im Gang von etwas mehr als zwei Jahrtausenden die positiven Wissenschaften aus sich entlässt. Mit jedem Übergang in das nächste Stadium, so die Unterstellung, soll die vorangehende Epoche sachlich überwunden sein; und mit dem Schritt in das vorgeblich letzte Stadium, also in die Ära der bloßen Wissenschaften, sollen Religion und Metaphysik ihr Ende finden.

Nichts ist besser widerlegt als dieser Dreitakt aus falschen Behauptungen: Die Religion hat nicht am Anfang gestanden. Die Metaphysik ist ihr nicht gefolgt, sondern mit ihr einhergegangen. Und die Wissenschaft kann weder ohne Religion noch ohne Metaphysik bestehen.

Heute sind die Religionen zahlreicher und mächtiger als je zuvor und üben (außer vielleicht im mittleren Nordwesten Europas, also auch in Deutschland) eine massenhafte Anziehung aus. Doch das kann sich, gesetzt, es kommt zu einem wachsenden Wohlstand der Weltbevölkerung sowie zur Eindämmung ihrer politischen, ökologischen und epidemischen Selbstgefährdung, mit der Zeit auch ändern. Darüber wissen wir nichts, wir nehmen jedoch aus durchaus unterschiedlichen Gründen an, dass es so nicht kommen wird. Denn selbst wenn es der Menschheit gelingen sollte, ihre politischen, sozialen und ökologischen Probleme zu lösen, werden einige ihrer Exemplare es sich nicht nehmen lassen, weiter danach zu fragen, aus welchen Gründen und mit welchen Aussichten sie überhaupt leben. Das werden sie vermutlich so lange tun, wie sie noch sterben müssen. Sollten sie eines Tages ihren Tod auf längere Sicht hinausschieben können, dürfte sich eine neue Klientel in den Gottesdiensten einstellen.

Zur Einschätzung der modernen Ausgangslage ist es von einigem Gewicht, zu wissen, dass bereits die historischen Prämissen von Comtes Gesetz unzutreffend sind: Es ist durch nichts erwiesen, dass die Religion der Metaphysik vorausgeht und ihr erst dann – nach langer Inkubationszeit – die Erfahrungswissenschaften folgen. Zwar gibt es Anzeichen dafür, dass sich die neolithische Entwicklung der Menschheit im Medium magischer Praktiken, vermutlich mit einem hohen Anteil animistischer Deutungen, vollzogen hat.[8] Aber »Religionen« waren diese Aktivitäten affektiver und intellektueller Selbstformung, bei wachsender innerer Anteilnahme an der zunehmend auch symbolisch erschlossenen Welt, gewiss noch nicht.

Religionen, wie es sie heute gibt, haben ihre Form erst seit etwa viertausend Jahren. Sie sind ein Produkt des bereits durch rationale Techniken sowie durch ein arbeitsteilig eingesetztes Wissen, das die Zivilisationen in den großen Flusstälern des Nahen, Mittleren und Fernen Ostens möglich machte. Religionen kommen erst unter den Bedingungen dieser Zivilisationen auf und haben stets einen lehrhaften Bestand einer als sicher angenommenen Erkenntnis. Sie werden von Propheten, Priestern und späterhin auch von Schriftgelehrten verbreitet. Sie alle erheben den Anspruch, über verlässlichere Kenntnisse

8 Vgl. dazu das vielfältige natur- und kulturevolutionäre Material, das Robert N. Bellah in *Religion in Human Evolution* (Cambridge, Mass. / London 2012) zusammengetragen hat.

als die Menge zu verfügen. Und es ist immer auch das in ihren Institutionen verwaltete Wissen, das die Überlegenheit der Religionen begründen soll.

Der Alltag eines jeden erwachsenen Menschen ist seit den Anfängen der menschlichen Kultur von einem lebenspraktischen Wissen getragen, das mit dem Organisationsgrad der Gesellschaft sowie mit dem Umfang und der Vielfalt seiner Tätigkeiten variiert. Mit dem Aufkommen der großräumigen Zivilisationen im mediterranen afroeurasischen Dreieck, die durch hochentwickelte Kriegs- und Transporttechniken, durch Bergbau und Eisenverarbeitung, durch Bewässerungsanlagen und Kultivierung der Landwirtschaft sowie dann vor allem durch den Einsatz der Schrift und des Rechts möglich werden, kommt es auch zu einer gleichermaßen methodisch wie institutionell gestützten disziplinären Entfaltung der zum Leben benötigten Erkenntnisse in Medizin, Astronomie, Architektur, Viehzucht, Verwaltung, Handel sowie in den das Vergangene zugänglich haltenden Archiven.

Aber je mehr man an Wissen hat, umso deutlicher wird, dass es nicht reicht. Das gilt nicht allein für sozio-technische Verrichtungen, sondern streng genommen für alle Zukunftsfragen: Es ist das Wissen, das sich im Bewusstsein des Nicht-Wissens – des zum Leben und Sterben Nicht-genug-Wissens – niederschlägt und damit zunächst die Religionen, dann aber auch die Philosophie und ihre zentrale Disziplin, die Metaphysik, begünstigt – ohne dass je die geringste Chance (oder Gefahr) bestand, die Religion durch Metaphysik überflüssig zu machen. Auch daraus ergibt sich ein gravierender Einwand gegen das Drei-Stadien-Gesetz.

Ein weiterer, auf die Gegenwart bezogener Kritikpunkt kommt hinzu: Nie zuvor ist dem Menschen in solchem Umfang und in solcher Eindringlichkeit bewusst geworden, dass sich mit dem durch das Wachstum der Wissenschaften exponentiell ansteigenden Wissen das Bewusstsein des Nicht-Wissens nicht verliert! Im Gegenteil: Das Nicht-Wissen nimmt mit dem vermehrten Wissen explosionsartig zu und zieht ständig neue Wissenschaften nach sich, mit denen sich die existentielle Ratlosigkeit jedoch nur noch vergrößert. Es kann als sicher gelten, dass auch das geballte Wissen aller Wissenschaften niemals ausreicht, um verlässlich zu handeln, in Sicherheit zu leben und in Ruhe zu sterben.

Da sich über die Einschätzung geschichtlicher Tatbestände endlos streiten lässt, sollte man an die schon dem Alten Testament zugrundeliegende und in seiner Folge mit unterschiedlicher Gewichtung fortwirkende epistemische Einheit erinnern, die auch im begrifflichen Nachvollzug des weiterhin bestehenden Zusammenhangs von Wissen und Glauben nicht verlorengeht. Damit stehen wir vor der analytischen Betrachtung ihrer Verbindung und der Unvermeidlichkeit einer, wenn auch knappen systematischen Überlegung, in der die Hauptsache der vorliegenden Untersuchung besteht:

Es ist nicht nur so, dass der historisch irgendwann entstandene Glauben ein Wissen voraussetzt, es in seine Bedingungen aufnimmt, in seinen Gehalten bewahrt und zu vervollständigen sucht. Es ist vielmehr auch so, dass uns das Wissen eigentlich gar nichts nützt, wenn wir es nicht über seine stets viel zu eng gezogenen Grenzen hinaus erweitern und im Bewusstsein leitender Überzeugungen fortlaufend stützen und ergänzen.

Gewiss ist es so, dass letztlich nur ein auf strikte Allgemeinheit angelegtes, weitreichend gültiges und von jedem einsetzbares Wissen unsere Ansprüche an das Wissen befriedigen kann. Es sollte ein nicht schon in Kürze veraltetes, sondern ein sich in Vorhersagen bewährendes, unter durchaus unterschiedlichen Bedingungen geltendes und auch über Sprachgrenzen hinweg eigentlich alle überzeugendes Wissen sein, das die

Menschen beim Herstellen ihrer Werkzeuge, beim Wiegen ihrer Waren, beim Bau von Mauern und Kanälen sowie beim Zählen der Tage und Jahre zur Anwendung bringen. Man muss es bei der Angabe von Entfernungen auf der Erde ebenso nutzen können wie bei der Berechnung der Bewegung der Himmelskörper. Da kann es um große Zeiträume gehen, insbesondere bei der Vorhersage astronomischer Konstellationen.

Doch was wissen die Menschen von der Zukunft, auf die sie sich in Anwendung und Voraussicht des Wissens keineswegs nur gelegentlich, sondern fortwährend und durchaus notwendig beziehen? Streng genommen nichts. Selbst ein als gesichert geltendes Wissen kann schon am nächsten Tag unbrauchbar sein, nur weil sich die Umstände seiner Verwendung über Nacht geändert haben. Natürlich muss niemand befürchten, dass die Ordnung der Zahlen plötzlich eine andere geworden ist, dass Sonne und Mond ihre Stellung vertauschen oder die Flüsse ihr Wasser bergauf befördern.

Auch wenn nach schrecklichen Ereignissen immer noch so geredet wird, geht niemand davon aus, dass wirklich »alles« anders werden könnte; die Behauptung, dass nun »nichts mehr« so sei, »wie es früher einmal war«, widerlegt sich selbst: Wenn es wirklich so wäre, könnte man noch nicht einmal über die Ereignisse sprechen, die den geschichtlichen Bruch verursacht haben. Selbst wenn unser Erdball in Stücke spränge, müsste niemand befürchten, dass die Schwerkraft als solche verloren geht. In unserer näheren kosmischen Umgebung könnte das allenfalls die Position der Sonne um Bruchteile eines Nanometers verrücken, aber die Lichtgeschwindigkeit würde das nicht tangieren. Die Physiker haben uns nach erneuten Messungen erst noch vor wenigen Jahren versichert, dass es »Naturkonstanten« gibt, die sich nicht verändern.

Zu solchen Aussagen ist nur das Wissen fähig. Aber selbst wenn die gemessenen Konstanten sich ändern würden, hätten wir genügend andere Belege für die unfassbare Konstanz des Wissens, obgleich es doch in seinen einzelnen Beständen ständig in Bewegung ist. Mindestens mit dem Zahlenwerk der Mathematik und den Grundregeln der Logik befinden wir uns in einem festgeknüpften Netz des Wissens, in und mit dem wir uns vollkommen frei bewegen, solange es nur darauf ankommt, richtig zu rechnen, verständlich zu sprechen und gemeinsam zu handeln.

Die Allgemeinheit und Beständigkeit des begrifflich verfassten Wissens ist derart überwältigend, dass Platon eigentlich gar keinen besseren Einfall haben konnte, als es in der Form von »Ideen« dem Wandel der alltäglichen Verhältnisse zu entziehen und ihm den Status des Ewigen zuzusprechen. Tatsächlich ist es in seiner Göttlichkeit als derart beständig ausgewiesen, dass an ihm auch die olympischen Bewohner des griechischen Götterhimmels nichts hätten ändern können. So führt schon das Wissen auf einen Gott, dem auch die Götter unterstehen, indem sie sich an Bedingungen halten, von denen der Mensch nur im Wissen Kenntnis hat.

Über Platons Ideenlehre kann man lächeln. Aber wenn man sich schon darauf einlässt, der Eigenart des Wissens einen anschaulichen Ort zu geben, sind auch den avanciertesten Denkern der Moderne keine besseren Metaphern eingefallen. Sie reden, mit Leibniz und Kant, von einem »Reich«, mit Frege (vermutlich ohne politischen Nebengedanken) sogar von einem »dritten Reich«, mit Eccles und Popper von einer »dritten Welt« oder, bescheidener, von einer »Sphäre«, die Notwendiges, Unabänderliches und Ewiges enthält.

Dennoch sind diese Theoretiker weit davon entfernt, damit einen wirklich über oder neben den vergänglichen Dingen bestehenden höheren Ort zu konzipieren. Sie möchten nur deutlich machen, dass in allem Denken, Sprechen und Handeln »Strukturen« hervortreten, auf die man nicht verzichten kann, wenn man denkt, spricht oder verständig handelt. Auch der Glauben ist auf solche »Strukturen« angewiesen.

Der Begriff der »Funktion« ist theologisch hinreichend unverdächtig, um diese nur in den entsprechenden Tätigkeiten hervortretenden einsehbaren Leistungen kenntlich zu machen. Der Terminus der »Funktion« hat den Vorzug, noch etwas von der produktiven Dynamik zu bewahren, die mit den begrifflich geordneten Tätigkeiten des Menschen verbunden ist. Aber im Vergleich mit der Rede von den göttlichen Ideen oder den ewigen Reichen ist über die Dürftigkeit der Rede von »Strukturen« und »Funktionen« nicht hinwegzusehen. Doch auch dem Geist der Nüchternheit wohnt ein nicht zu unterschätzendes Pathos inne!

Kommen wir zu den mit ihrem Wissen umgehenden Menschen, unabhängig davon, ob sie sich im Bewusstsein überirdischer Auszeichnung oder erhabener Nüchternheit bewegen: Wenn sie ihre Kenntnisse zum Einsatz bringen und damit etwas schaffen oder auch nur vorhersehen wollen, lässt die Enttäuschung nicht lange auf sich warten. Denn unter den Bedingungen des menschlichen Daseins wird die Anwendung auf den konkreten Fall fortlaufend gestört und nicht selten unterbrochen. Überdies hat jeder jederzeit zu gewärtigen, dass er selbst als Anteil nehmender Mitinhaber des Wissens irgendwann nicht mehr zur Verfügung steht. Und dann ist in der dem Toten definitiv verschlossenen Sicht ohnehin »alles anders«, und für seine Nächsten wird dann vermutlich auch »nichts mehr so sein, wie es früher war«.

Auch dies ist ein Wissen, und es besagt: Alles, was den Umgang mit dem Wissen angeht, ist ungewiss. Insbesondere das, was die damit verbundenen Erfolgsaussichten, vornehmlich den heute so übel beleumundeten Nutzen betrifft, auf den Leibniz nicht nur seine Lebensarbeit, sondern auch die von ihm programmatisch empfohlenen Akademien gründete, kann sich als auf Sand gebaut erweisen. Das gilt vor allem anderen für die Person, die das jeweilige Wissen hat und die es nach ihren Einsichten zum Einsatz bringen will. Auch die anderen Personen, die für den (in den in der Regel auf Kooperation angelegten) Einsatz des Wissens benötigt werden, die es verstehen und darauf eingehen können müssen, wenn es im gesellschaftlichen Zusammenhang (zu dem auch das private Leben gehört) die gewünschten Effekte erzielen soll, müssen weiterhin vorhanden und willens sein, sich auf die allemal sozial bedingte Umsetzung des Wissens einzulassen.

Da nichts davon wirklich verlässlich ist, ja, in Korrelation mit der Unumstößlichkeit des für sicher gehaltenen Wissens in seiner Fraglichkeit nur umso deutlicher hervortritt, kann alles, was den Gebrauch des Wissens ermöglicht, wegbrechen, so dass ein vertrauensvoller Umgang mit ihm ganz andere intellektuelle Kräfte erfordert als nur die des Wissens selbst. Doch das hindert uns offenkundig nicht daran, in jedem Augenblick erneut und fortgesetzt auf das Wissen zu setzen; alles geschieht in dem Vertrauen, dass es auch noch in der Zukunft trägt.

Diese wie selbstverständlich zu jedem Wissen gehörende Verlängerung in die prinzipiell unbekannte Zukunft wird von einem Glauben getragen, der uns auf seine vorgängige Verschränkung mit dem Wissen aufmerksam macht: Denn angesichts der engen und letztlich niemals aufhebbaren Grenzen des Wissens, das sachlich stets unvollständig bleibt und dessen Einsatz an der Zeitgrenze zum Kommenden rasch unmöglich werden kann, müssen wir stets an das Wissen glauben, wenn es uns leiten können soll.

Dieser Glauben bezieht sich vornehmlich auf den Fortbestand der Bedingungen, unter denen das Wissen als Wissen gilt. Aber da das Wissen nicht bereits in der Form, in der es in den Lehrbüchern steht, benötigt wird, sondern sofern es uns

Sicherheit im Handeln gibt, muss der Glauben sich tatsächlich so auf das Wissen beziehen, wie es für uns von Bedeutung ist. In der Praxis des menschlichen Lebens geht es um verwendbares Wissen. Leibniz betont den Nutzen also völlig zu Recht.

Man hat somit festzuhalten, dass Wissen und Glauben mehrfach und wechselseitig miteinander verschränkt sind. Wir können das eine nicht haben, ohne nicht auch das andere in Anspruch zu nehmen. Mag sein, dass in der frühmenschlichen und in der kindlichen Seele Ahnungen und Erwartungen wirksam sind, die wir nachträglich, nachdem wir über Wissen verfügen, als einen überwundenen Glauben ansehen. Aber darin erschöpft sich der Begriff des Glaubens nicht. Er bezeichnet auch das, was uns den Gebrauch des Wissens ermöglicht, sowie das, was uns bleibt, wenn wir uns zum Handeln genötigt sehen, obgleich wir mit unserem Wissen längst am Ende sind.

Bei Licht besehen ist das die allgemeine Kondition menschlicher Lebensführung. Man sagt also nicht zu viel, wenn man den Glauben als die Generalbedingung eines bewussten Lebens bezeichnet, das sich stets nur in Teilen auf Wissen stützen kann. Immerhin wird auch hier das Wissen gebraucht, damit sich überhaupt erkennen lässt, wie lückenhaft seine Bestände sind. Mit Blick auf die lebensentscheidenden Fragen muss demnach der Glauben als das uns wahrhaft tragende Moment unseres Bewusstseins angesehen werden. – Dass man ähnlich auch über die Liebe und die Hoffnung sprechen kann, schwächt diese Aussage nicht ab, sondern hebt nur hervor, in welchem leib-seelischen Kontext der Glauben begriffen werden muss.

Die enge Beziehung des Glaubens zu Hoffnung und Liebe gibt ein weiteres Moment des Glaubens zu erkennen: Die innere Verschränkung von Glauben und Wissen erstreckt sich nicht nur auf den Intellekt. Zwar hat das Wissen in seinem strengen Sinn eine durch Logik geordnete Form. Und in seiner semantischen Leistung ist es an einen prägnanten Bezug auf Sachverhalte gebunden. Wenn es aussagekräftig, verständlich und mit unterschiedlichen Wissensbeständen vereinbar sein soll, ist es an rationale Schlussfiguren und auf einen Gebrauch in bekannten Kontexten gebunden.

Der Gebrauch kann im Zeigen, im anschaulichen Vorführen oder in der auf Begriffen basierenden Verständigung bestehen. In allem aber kann er stets auch fraglich werden. Wissen kann verfallen, weil sich die Umstände oder die Zeiten ändern, weil die Menschen auf Sachverhalte stoßen, die sie vorher nicht kannten, oder weil es verbesserte Instrumentarien für die Beobachtung, die Aufzeichnung oder die Kontrolle gibt. Hinzu kommt, dass Wissen unter Bedingungen der Mitteilung erfolgt; auch das, was jemand für sich behält, ist ein Wissen nur unter den Voraussetzungen möglicher Kommunikation. Alles »ich denke« und »ich weiß« erfolgt in der Erwartung, dass es auch von anderen mindestens so weit verstanden werden kann, dass sie Einspruch erheben oder aber zustimmen können. Darüber hinaus entwickelt die Kommunikation nicht selten eine Eigendynamik, die selbst eine Quelle neuer Erkenntnisse sein kann.

So wie zur Ausbildung eines Ich nicht nur ein ihm gegenüberstehendes anderes Ich, sondern immer auch ein Wir gehört, um überhaupt zum Bestandteil einer sinnvollen Aussage zu werden, verlangt das Wissen nicht nur nach einem sachlich zutreffend erfassten Gegenstandsbereich, sondern es muss, wie Kant es ausdrückt, »für jedermann gültig (*communicabel*)« sein.[9] Deshalb ist es bereits eine erhebliche Verkennung des Wissens, etwas, das in seinem Horizont von Bedeutung ist, von der Mitteilung ausschließen und dem Schweigen überantworten zu wollen.

9 Brief an Beck vom 1. Juli 1794; Akademie-Ausgabe 11,515.

Zur Andeutung der intellektuellen und sozialen Verfassung des Wissens mag das genügen. Hinzu aber kommt, dass die primär von Verstand, Vernunft und Urteilskraft erbrachten Leistungen des Wissens auf sinnliche Vorleistungen angewiesen sind. Alles Geistige, sofern sich der Mensch davon einen Begriff machen kann, ist nicht nur logisch und semantisch verfasst, sondern ruht immer auch auf psychischen, sozialen und physiologischen Bedingungen auf. Durch den glücklichen Umstand, dass wir in der deutschen Sprache über ein und dasselbe Wort verfügen, das die auf allen diesen Ebenen vorkommenden Leistungen bezeichnet, können wir sie mit ein und demselben Begriff verknüpfen. Das ist der Begriff des *Sinns*.

Ganz unabhängig davon, ob wir uns bloß als Leib oder Organismus oder – ineins mit ihm! – als empfindendes, wahrnehmendes, fühlendes, tätiges oder denkendes Wesen verstehen: Immer ist es ein Sinn, der uns so mit unserer Umwelt verbindet, dass wir selbst nach Art einer Einheit reagieren können, die ihre körperlichen, gesellschaftlichen, seelischen und verständig-vernünftigen Aktivitätspotenziale einbringen kann. Sie zerfallen bei Übermüdung oder unter Drogeneinfluss, unter zu starkem seelischen Druck oder bei schwerer Krankheit. Im Normalfall des Wissens aber müssen die somatischen, sozialen, psychischen, semantischen und logischen Sinnbedingungen erfüllt sein, damit es zutreffend verstanden, angemessen beurteilt und vernünftig gebraucht werden kann.

Die Spannweite des Sinnbegriffs reicht von der ersten Schmerzempfindung und dem Gefühl des Hungers über die Wahrnehmung des Mit-anderen-verbunden- oder des Von-ihnen-verlassen-Seins. Dazu gehören alle Formen der Empathie oder der Aversion, das Glück der Liebe und die Empfänglichkeit für das Schöne bis hin zum Leiden an der Vergänglichkeit und zur Angst vor dem Tod. Das Sinnverstehen beginnt nicht erst bei der Lektüre anspruchsvoller Texte, zeigt sich gewiss auch nicht nur in überlegter Rede oder im gesellschaftlichen Diskurs. Auch Lachen, Weinen oder Lächeln können Ausdruck eines Sinnverstehens sein – womit klar ist, dass auch echte Missverständnisse nur unter den allgemeinen Konditionen des Verstehens möglich sind. Sinn ist das Element, in dem sich unser gesamter Umgang mit uns selbst und – durch den eigenen Organismus vermittelt – mit der Welt vollzieht. Er ist somit auch das Medium, in dem sich Wissen und Glauben verbinden.

Die gängige Überzeugung, nach der sich säuberlich zwischen Wissen und Glauben unterscheiden ließe, erweist sich, zumindest mit Blick auf die sinnvermittelte Lebenswirklichkeit, als bloße Konstruktion aus idealisierten Prämissen. Natürlich ist es ein Unterschied, ob jemand bloß glaubt, dass die Maschine am Abend landet, oder ob er nach einem Blick in den Flugplan weiß, zu welcher Uhrzeit das sein soll. Aber wenn das Flugzeug wegen eines Maschinenschadens gar nicht erst starten kann, so dass die Ankunft auf den nächsten Tag verschoben werden muss, darf man weder das eine noch das andere behaupten. Gleichwohl wären beide Urteile in der Disposition, sich als falsch zu erweisen, nahe miteinander verwandt.

Das gilt auch im Fall eines positiven Gehalts zweier Aussagen: Es ist gut möglich, dass einer sagt, er glaube, der Wahlsieg gehe endlich einmal an eine Frau, und am nächsten Morgen, in Kenntnis des Wahlausgangs, feststellen kann, er wisse nun, dass es so ist. Aller Unterschied liegt hier in der Gewissheit des geäußerten Gehalts. In ihrer grammatischen Anlage gibt es zwischen Aussagen über einen bestimmten Glauben oder ein sicheres Wissen nur einen geringfügigen Unterschied: Denn beide kennzeichnen in ihrer basalen Form die prädikative Relation zwischen dem Subjekt und dem Objekt eines Satzes. Gleich bleibt auch die mentale Ausrichtung auf etwas, das so, wie es geglaubt oder gewusst wird, nur in einer Vorstellung geben ist.

In dieser hervorspringenden Gemeinsamkeit lässt sich nun aber ein Unterschied machen, der entscheidend ist: Obgleich man es im Vergleich der Aussagen so fassen kann, als würden sich Wissen und Glauben jeweils in der für sie charakteristischen Weise (also entweder im Bewusstsein garantierter Sicherheit oder mit fraglicher Gewissheit) auf das gleiche Objekt (den Zeitpunkt der Landung des Flugzeugs; den Ausgang der Wahl) beziehen, kann man die Differenz auch dadurch zum Ausdruck bringen, dass man das Wissen allein auf den gewussten Sachverhalt, den Glauben hingegen allein auf das Wissen von diesem Sachverhalt bezieht. Dann liegt die markante Differenz zwischen Wissen und Glauben darin, dass sich das Wissen auf die Welt (in der dieses oder jenes der Fall ist) bezieht, der Glauben aber speziell darauf, ob dieses Wissen tatsächlich zutrifft. Im Glauben liegt somit eine Steigerung der Selbstreferenz des Individuums, die verständlich macht, warum ihm ein höherer Freiheitsgrad zukommt. Hier liegt der Grund für die größere Beweglichkeit und die gesteigerte Produktivität des Glaubens – sofern er sich nicht selbst mit dem Wissen verwechselt.

5 Vier Formen des Glaubens im Wissen

Mit der zuletzt hervorgehobenen Einsicht haben wir Glauben und Wissen denkbar scharf voneinander abgegrenzt und zugleich prägnant aufeinander bezogen: Glauben ist eine Einstellung zum Wissen. Was daraus insbesondere für den religiösen Glauben folgt, soll im nächsten Kapitel behandelt werden; zuvor aber haben wir mit Blick auf die erörterten Schwierigkeiten im Umgang mit dem Wissen deutlich zu machen, dass die Einstellung zum Wissen keine beiläufige Option darstellt, die uns vielleicht nur bei denen begegnet, die sich – als Ewig-Gestrige oder romantische Träumer, als Fanatiker oder Phantasten – mit dem gegebenen Wissen nicht zufriedengeben. Es ist vielmehr so, dass bereits zur überlegenen Verfassung des Wissens eine Einstellung zum Wissen gehört, durch die es dem Menschen überhaupt erst brauchbar wird.

Es ist auch nicht so, dass alle von uns gemachten Erfahrungen stets nur mit dem Glück des Neuen verbunden sind, das uns einmal mehr die verheißungsvollen Grenzen unseres Wissens vor Augen führt. Oft genug ist es ein Ärgernis, nicht mehr zu wissen, um wenigstens die Chance zu haben, uns mit Gründen zu entscheiden. Offenkundig können wir uns auch nicht einfach mit der Erwartung zufriedengeben, dass sich die Lücken unseres Wissens eines Tages schon von selbst schließen werden. Selbst die Bemühung, alles daranzusetzen, die Leerstellen zu füllen, ist nicht genug. Es kann auch wichtig sein, überhaupt eine Vorstellung von den Grenzen unseres Wissens zu haben, und von besonderer Bedeutung ist es, diese Grenzen anzuerkennen – sollten sie sich tatsächlich als unüberschreitbar erweisen.

Kant hat die Notwendigkeit einer Grenzbestimmung des Wissens damit begründet, dass er nur so den »Dogmatismus der Metaphysik« habe überwinden können, um für den »Glauben Platz« zu bekommen.[10] In ihrer Verbindung mit der Metaphysik und der hinzugefügten Absicht, nur so lasse sich der »aller Moralität widersprechende Unglaube« beseitigen, liegt es nahe, den hier verwendeten Begriff des Glaubens in seiner religiösen Bedeutung zu verstehen. Das ist in der Tat Kants Absicht. Aber im Vorfeld einer Beschäftigung mit dem religiösen Glauben ist noch eine andere Dimension des Glaubens zu beachten, in die wir allein schon durch das alltägliche Sprechen hineingezogen werden.

So kann ein Wissen, das Kritik nicht zulässt, als in sich »unglaubwürdig« angesehen werden. Zum glaubwürdigen Wissen gehört die Bereitschaft zur Prüfung seiner Quellen; überdies kommen der Ausweis seiner Gründe sowie das Bewusstsein von seiner stets begrenzten Reichweite hinzu. Nur unter solchen Konditionen lässt sich auf ein Wissen vertrauen.

Dies gilt im Kleinen wie im Großen: Wenn im Alltag etwas fraglich wird, muss geprüft werden, was für es spricht. Und im Ganzen des Wissens, vornehmlich unter dem Anspruch der Wissenschaft, muss es eine Rechenschaft über die Prinzipien und Methoden geben, nach denen es gewonnen worden ist. Ein solches Wissen über das Wissen schließt die Auskunft nicht nur über seine aktuellen, sondern auch über die ihm überhaupt gesetzten Grenzen ein.

Nehmen wir nun noch hinzu, dass wir allein schon angesichts der uns ohnehin jederzeit bewussten Grenzen des Wissens genug Gründe dafür haben, es nicht ohne Umsicht zu gebrauchen. Wissen kann tendenziös oder ideologisch belastet sein, einen veralteten Stand der Forschung wiedergeben oder sich im Licht eines neuen Paradigmas völlig anders darstellen. Es gibt allemal hinreichend Anlass, es unter einen perspektivi-

10 Kant, *Kritik der reinen Vernunft*, Vorrede, 2. Aufl., 1781, XXX; AA 3 19.

schen Vorbehalt zu stellen und damit seine Irrtumsanfälligkeit einzuräumen.

Im Umgang mit dem Wissen kommt das nur zu häufig vor: Man fügt dann ein »Nach meiner Kenntnis«, ein »Soweit wir wissen«, »Nach dem Stand der Ermittlungen«, vielleicht auch ein *»rebus sic stantibus«* hinzu; oder man bemüht sich, nicht nur in Anträgen auf finanzielle Förderung klarzumachen, dass die Forschung erst am Anfang steht. Gleichwohl sollte die Vorsicht niemals Anlass sein, das unser menschliches Dasein im Ganzen und unsere Zivilisation im Besonderen tragende Wissen geringzuschätzen oder gar, wie Nietzsche das tut, zu verwerfen.

Und so scheint es angebracht, in einem derart elementaren Lebenszusammenhang, voller Kritik, Bedacht und Zuversicht, von einem unverzichtbaren Glauben an das Wissen zu sprechen. Um ihn vom später erörterten religiösen Glauben zu unterscheiden, kann man von einem die Erkenntnis insgesamt tragenden, *epistemischen* Glauben sprechen. Ihn teilen wir in einen vornehmlich auf die Wissenschaft gerichteten *szientifischen* Glauben sowie in die auf ihm basierenden Formen des *moralischen, humanitären* und *kulturellen* Glaubens auf.

Über den *szientifischen* Glauben ist im vorangehenden Kapitel bereits genug gesagt worden. Nun soll deutlich werden, dass der Anspruch des Wissens weiter reicht, wenn es dem Menschen im lebensweltlichen Zusammenhang dienlich sein soll. Dazu bedarf es der Mitwirkung und Ergänzung durch den Glauben.

Der Methodenpurismus des 20. Jahrhunderts hätte es vermutlich als Zumutung empfunden, die Wissenschaft überhaupt mit moralischen Fragen in Verbindung zu bringen. Aber nachdem keine Wissenschaftsorganisation, die auf sich hält, ohne Ethikkommission auskommt, muss man dazu gar nicht mehr viel sagen: Missbrauch, Betrug und eine um sich greifende Plagiatspraxis haben nicht nur das Verdienst, den Begriff der Wahrheit wieder aus seiner postmodernen Versenkung hervorgeholt zu haben. Sie konnten auch offenkundig machen, dass in einer hochindividualisierten und zugleich auf vertrauensvolle Kooperation angewiesenen Forschungspraxis auf den ethischen Zentralbegriff der Wahrhaftigkeit nicht verzichtet werden kann. Wissenschaft braucht Wahrheit und Wahrhaftigkeit, und die kann sie nicht haben, ohne an die damit verbundenen Normen zu appellieren. Wo aber mit Blick auf Ideen und große Ziele Appelle nötig sind, da bemüht man einen Glauben.

In der gesellschaftlichen und politischen Praxis, in der man heute wieder gern von Werten spricht, dürfte das als selbstverständlich gelten. Es mag jedoch befremden, dem Glauben im Zusammenhang einer strengen Moralphilosophie zu begegnen. In einer auf strikte Begrifflichkeit angelegten Theorie der Ethik, die ethische Prinzipien als die immer schon in Anspruch genommenen Funktionselemente ethischer Begründung auszuweisen hat, müssen alle einschränkenden Prämissen vermieden werden. Insofern darf hier auch keine Rede von einem religiösen Glauben sein. Wohl aber muss man unterstellen, dass jemand überhaupt ein Interesse daran hat, sich moralisch zu verhalten oder als moralisch zu gelten. Und schon ist man auch hier an dem Punkt, wo Erwartungen, Überzeugungen und Bewertungen ins Spiel kommen, die nicht aus der Beschreibung bloßer Sachverhalte erwachsen.

Also spricht nichts dagegen, auch mit Blick auf strenger gefasste ethische Ziele von einem Glauben an ihre Berechtigung zu sprechen. Wenn es nun aber so ist, dass die Wissenschaft ohne ethische Verhaltensregulierung nicht auskommt, braucht sie auch den Glauben, ohne den ein aus eigenem Anspruch verfolgtes moralisches Handeln nun einmal nicht auskommt. Wer in seinem Wissen ernst genommen werden will, muss aus eigener Einsicht und aus eigenem Antrieb einen Vorzug darin sehen, berechenbar, aufrichtig, verlässlich und ohne Vorbehalt zu sein. Das hält der Begriff des *moralischen* Glaubens fest.

Für den Aufweis der Unerlässlichkeit eines *humanitären* Glaubens im Kontext der Wissenschaft wäre es ein Leichtes, an das ihr zugrunde liegende Prinzip der Freiheit zu erinnern, das sich nicht ohne die mit ihr verbundene Achtung vor der Eigenständigkeit des Anderen und nicht ohne die Anerkennung seiner generellen Gleichheit und Würde realisieren lässt. Also fordert eine freie Wissenschaft, wie Karl Raimund Popper gezeigt hat, eine offene Gesellschaft, die sich den Grundsätzen der Humanität verpflichtet. Und auch die stets gefährdete Humanität, die es in der Geschichte der Menschheit nur in exemplarischer Annäherung und vermutlich nur in der Vorbildlichkeit singulärer Handlungen gibt, ist ein Ideal, das man gegen alle Widerstände ernst zu nehmen hat, wenn sie eine über uns hinausweisende Chance haben soll.

Hier also können nur das mitmenschliche Beispiel sowie die Achtung und die Liebe in die Leerstellen empirischer Belege treten. Mit ihnen aber gibt es eine ideelle Ausrichtung auf die Erhaltung der Menschheit, auf die Sicherung des Friedens und die Wahrung der Würde des Menschen. Die als unbedingt angesehene Geltung des Menschenrechts ist keineswegs nur ein Gegenstand wissenschaftlicher Analyse, sondern längst auch ein tragendes Moment im Selbstverständnis wissenschaftlicher Arbeit. Ohne einen Glauben an die Humanität lässt sie sich weder in der gebührenden Offenheit betreiben noch guten Gewissens empfehlen.

Das dürfte mit Blick auf die Kultur-, Sozial- und Geisteswissenschaften so naheliegend wie verständlich sein. Dass sich aber auch die Naturwissenschaften von diesem Glauben nicht freihalten können, belegt heute nicht allein das Verhalten engagierter Forscher, die sich gegen die atomare Rüstung wenden oder für eine ökologisch verträgliche Verwendung ihrer Erkenntnisse eintreten. Es gibt inzwischen ein öffentlich diskutiertes Beispiel für die Aufnahme einer menschheitlichen Perspektive in das methodologische Selbstverständnis einer »harten« Naturwissenschaft: Geophysiker beraten ernsthaft über den Vorschlag, das vor etwas mehr als zweihundert Jahren in Gang gekommene und bis weit in die Zukunft reichende erdgeschichtliche Zeitalter »Anthropozän« zu nennen. In ihm kommt ein aus der Logik der Erkenntnis folgender Anspruch auf die Ermöglichung der Humanität zu wissenschaftspraktischer Geltung. Im Prozedere der Wissenschaft verbindet sich der szientifische Glauben mit dem Glauben an die Humanität.

Es ist hier nicht der Ort, das für das neuzeitliche Verständnis der Naturwissenschaften grundlegend Neue im Anspruch auf die Proklamation des »Anthropozän« zu erörtern. Mit Blick auf das Verhältnis von Wissen und Glauben muss der Hinweis genügen, dass der für die offizielle Benennung bei der geophysikalischen Fachgesellschaft in London gestellte Antrag einen Geltungszeitraum von etwa zwölf- bis fünfzehntausend Jahren vorsieht! Davon liegen noch nicht einmal zweihundertfünfzig Jahre in der Vergangenheit; alles Weitere hat die Zukunft zu erbringen, für die es lediglich Prognosen gibt. Bedenken wir nur, was in dem kurzen Anlauf seit dem definierten Beginn des neuen Zeitalters um 1770 alles an vorher noch nicht einmal erahnten Entdeckungen und Erfindungen eingetreten ist und wie viele zuvor gänzlich unbekannte Gefahren in dem kurzen Zeitraum hinzukommen sind, wird augenblicklich bewusst, wie unerhört, ja, wie phantastisch die Erwartungen sind, die hier in ein wissenschaftliches Vorhaben eingebracht werden.

Hinzu kommt, dass die Kluft zwischen angeblich nur beschreibenden, deskriptiven Naturwissenschaften und immer auch vorschreibenden, präskriptiven Sozial- und Geisteswissenschaften mit einer Selbstverständlichkeit überschritten wird, so als sei sie nie behauptet worden. Die noch im 20. Jahrhundert für unumstößlich gehaltene Trennung zwischen positiv beschreibender und normativ wertender Wissenschaft ist aufgehoben. Mit dem bruchlosen Übergang von der bloßen Beschreibung des Seins zu einem für alternativlos erklärten Sollen geben die Naturwissenschaften zu erkennen, wie viel an humanitärem Glauben sie in ihre wissenschaftliche Arbeit einzubringen bereit sind.

Wem es problematisch erscheint, die weitausgreifende Sorge um die Zukunft der Menschheit unter den von vielen für fragwürdig gehaltenen Anspruch auf *Humanität* zu stellen, der wird gleichwohl nicht bestreiten können, dass es den Wissenschaften, auch unabhängig vom Projekt des »Anthropozän«, um die Erhaltung des menschlichen Lebens geht. Da sich das menschliche Dasein immer auch als Natur entfaltet – eine Natur, die wir mit Blick auf uns selbst als »Kultur« bezeichnen –, dürfte es keinen Grund geben, sich von der umfassendsten Form des epistemischen Glaubens zu distanzieren: Das ist der *kulturelle Glauben*. Genauer: Der Glauben, in dem wir uns im Bewusstsein unseres Wissens und unseres Könnens *kultivieren*.

Diese – nach dem *szientifischen*, *moralischen* und *humanitären* – *vierte* Form des epistemischen Glaubens fügen wir an, um die äußerste Reichweite des säkularen Vertrauens in die gegebenen und gemachten Weltverhältnisse auch begrifflich abzustecken. Würde das unterlassen, wäre der Vermehrung lebensweltlicher Glaubensziele keine Grenze gesetzt. Dann könnte man mit guten Gründen vom Glauben an die Gesundheit, an die Bildung, an die Kunst oder an das politische Handeln sprechen.

Der Begriff der Kultur umgreift alle Varianten des Glaubens

an eine gute Sache und bezieht selbst noch die Natur mit ein. Denn als Natur können wir alles bezeichnen, was zum Werden, zum Dasein und zur Zukunft der Kultur gehört. Ihr bleibt auch das sich selbst »Mensch« nennende Lebewesen verbunden, so sehr es sich in seinen Handlungen von der jeweils vorgefundenen Natur zu befreien vermag. Zugleich aber ist es die Kultur, die uns in sozialer Kooperation, in der ihr dienenden Sprache sowie in dem sie mit Bedeutung erfüllenden Geist die spezifischen Mittel zur Entfaltung unserer natürlichen Möglichkeiten zu entwickeln erlaubt. Damit gibt sie uns auch die Begriffe für alles, was wir in ihr und außer ihr zu benennen vermögen. Daraus resultiert der umfassende säkulare Charakter des kulturellen Glaubens. Er bewahrt uns, nebenbei gesagt, auch davor, erst zu Gegnern einer bestimmten Auffassung von Natur werden zu müssen, um gläubig sein zu können.

Es empfiehlt sich auch deshalb, den kulturellen Glauben in seiner gleichermaßen umgreifenden wie durchdringenden Leistung anzuführen, weil er die Möglichkeit bietet, die vorgeschlagene Unterscheidung von Glaubensformen an ihre Herkunft zu binden. Wissenschaft, Ethik, Vernunft- oder Menschenrecht, ja, Wissen und Glauben überhaupt, sind im Prozess der kulturellen Evolution entstanden. Dieser Einsicht ist durch die Betonung der Einheit stiftenden Funktion der Kultur Rechnung getragen. Wir haben sie anzuerkennen, müssen auf sie vertrauen und sollten sie fördern, solange uns an uns selbst und an unseren Leistungen gelegen ist. Sobald wir, wie das spätestens in Situationen der Gefährdung und des Konflikts unumgänglich ist, auch persönlich und existentiell für die Kultur stimmen, wird der Glauben an die Kultur ausdrücklich, kann aber den Sinn seines Sinns nur in etwas finden, das »höher« ist als alle Kultur, so sehr es sich in allem der Kultur und ihrer Vernunft verdankt.

Wenn nun der Glauben selbst dem Werden und Wandel der

Kultur untersteht, versteht es sich am Ende von selbst, dass nicht nur die Gegenstände, sondern auch die Formen des Glaubens in einer Entwicklung begriffen sind. So wie der Glauben erst in Abgrenzung zum Wissen zu seiner Form gefunden hat, so hat er gerade in der Konkurrenz unterschiedlicher Ausprägungen des Glaubens die in ihm angelegte Individualität gesteigert. Das hat allererst zur Kultur des hoch individualisierten persönlichen Glaubens geführt.

Der späte Nietzsche hat alles darangesetzt, dem Menschen den Glauben an ein jenseitiges Wesen auszureden. Umso bemerkenswerter ist, dass er jedem Menschen einen fortgesetzten Glauben zuschreibt, ohne den das »nicht festgestellte Tier« sein Leben gar nicht bewältigen kann. Nach Nietzsche handelt der Mensch strenggenommen in allem nur aus »geglaubten Motiven«, allein schon deshalb, weil die »wirklichen Motive« seinem Wissen gar nicht zugänglich sind.[11] Weiter kann die im Glauben selbst angelegte Individualisierung des Glaubens gar nicht getrieben werden. Sie widerspricht allen, die meinen, der Glauben stehe a priori auf der Seite der Unbelehrbarkeit und des blinden Behauptens.

Für die Gleichung zwischen Glauben und Dogmatismus gibt es zwar bedauerlich viele historische Belege. Doch zwingend war sie nie. Unter der individualisierenden Kraft der Reformation, durch Aufklärung und Romantik verstärkt, hat sie ihre gleichwohl immer wieder beanspruchte Verbindlichkeit längst eingebüßt, so sehr sie im Widerstand gegen die Moderne weiterhin wirksam ist.

Folglich lässt sich die Aussage bekräftigen, dass die Wissenschaft neben dem *szientifischen* auch die weiteren Formen des Glaubens braucht, die sie berechtigen, auf die Erfüllung ihrer Ansprüche zu setzen: den *moralischen*, den *humanitären* so-

11 F. Nietzsche, *Die fröhliche Wissenschaft*, § 44; KSA 3,410.

wie den Wissenschaft, Ethik und die Humanität umspannenden *kulturellen Glauben*.

Die Häufung von Formen des Glaubens mag künstlich erscheinen. Doch sie ist durch die Vielfalt in der Bedeutung von »Glauben« als »Meinen«, »Vertrauen«, »Überzeugung«, »Erwartung« oder »Gewissheit« vorgegeben. Und wer es befremdlich findet, dass weiterhin an einer religiösen Dimension festgehalten wird, sollte sich daran erinnern, wie leicht gerade säkular gestimmten Zeitgenossen der Begriff der »Zivil*religion*« über die Lippen geht.

Bleibt also noch der religiöse Glauben, von dem wir abschließend zu zeigen versuchen, dass sein ureigener Impuls allein aus einem existentiellen Anspruch stammt und nur über ihn mit geschichtlichen und gesellschaftlichen Entwicklungen verbunden ist. Doch selbst in radikaler Konzentration auf das Individuum bleibt das Vertrauen in einen göttlichen Grund bestehen, weil sich das Wissen des Einzelnen niemals bloß auf sich selbst beschränken kann, sondern ein Wissen von der Welt einschließt, zu der ein jeder gehört. Im eigenen Bewusstsein bleibt der Mensch an das Ganze des Daseins gebunden.

6 Religiöser Glauben im Licht des Wissens

Mit den bisher vorgetragenen Überlegungen dürfte die Nähe zwischen Wissen und Glauben offenkundig geworden sein. Glauben ist die in allen lebensweltlichen Bezügen unverzichtbare Ausbesserung der unaufhebbaren Mängel des Wissens. Folglich muss der Glauben als die in allen praktisch bedeutsamen Kontexten notwendige Einstellung zum Wissen angesehen werden. Die Frage ist nun, was das für den Glauben an einen göttlichen Grund bedeutet. Können Gefühl und Eingebung, Offenbarung oder spirituelle Ergriffenheit das Wissen ersetzen oder einschränken? Liegt nicht im Vertrauen in die göttliche Gegenwart das entscheidende Moment des religiösen Glaubens? Was hat das Wissen damit zu tun? Tritt im Bewusstsein der Erhabenheit eines umfassenden Sinns nicht jedes Wissen in die Bedeutungslosigkeit zurück?

Wie wir gesehen haben, ist der diese Fragen hervorrufende Unterschied zwischen Wissen und Glauben im Alten Testament gar nicht erheblich. Die erkennbare Welt wird in so enger Verbindung mit ihrem Grund, dem Schöpfer, begriffen, dass über ihn wie über einen Gegenstand des Wissens gesprochen werden kann. Glauben ist hier die Kraft, die ein Mensch wie Abraham braucht, um gegen den Augenschein auf Gottes Wort zu vertrauen. Der Glauben soll überdies in der Lage sein, ein ganzes Volk so zu beseelen, dass es im Kampf gegen die Feinde Gottes seinen Mut nicht verliert. »Glauben versetzt Berge« ist ein Wort, das ich aus frühester Kindheit in Erinnerung habe.

Unter dem Einfluss der wachsenden Schärfung des wissenschaftlichen Selbstbewusstseins (spätestens bei den Griechen, vielleicht aber schon in den frühen wissenschaftlichen Zentren des Vorderen Orients) ist es zu einer begrifflichen Ablösung des Glaubens vom Wissen gekommen. Diese Trennung ist zum Überlieferungsbestand des Neuen Testaments geworden und gehört zu den basalen Voraussetzungen der christlichen (sowie auch der islamischen) Theologie. Dabei konnte sie sich niemals auf den Glauben beschränken. Sie hatte kundig mit der tradierten Botschaft umzugehen und musste, schon um verständlich zu sein, über ein Wissen von der Welt verfügen. Hinzu kam, dass eine Kirche, die sich zunehmend auf die Ausübung politischer Macht einließ, nicht allein mit Glaubenssätzen operieren konnte. Das wirkt bis heute in allen über eine große institutionelle Ausstattung verfügenden religiösen Gemeinschaften nach. Wissen ist bereits im Versuch, gesellschaftlichen Einfluss auszuüben, unverzichtbar. Davon kann sich auch die Theologie nicht befreien, erst recht nicht, wenn sie sich als Wissenschaft versteht.

Daran hat auch der Umschlag nichts geändert, der sich in der spätmittelalterlichen Abgrenzung gegenüber der Scholastik angebahnt hat. Bereits unter dem Einfluss der wachsenden Bedeutung der Mathematik und des durch sie angeleiteten technischen Wissens haben so unterschiedliche Denker wie Meister Eckhart und Wilhelm von Ockham den Bruch vorbereitet, der mit Luthers Reformation zu einem epochengeschichtlichen Ereignis geworden ist. Es steht unter dem Anspruch einer entschiedenen Trennung von Glauben und Wissen und hat die erklärte Absicht einer theologischen Aufwertung des Glaubens, den Melanchthon mit Vertrauen (*fiducia*) gleichsetzt. Dennoch wird begierig nach Wissen verlangt; Bildung (*humanitas*) wird zum Programm, dessen Erfüllung durch den Buchdruck sowie durch Schul- und Universitätsgründungen in greifbare Nähe zu rücken scheint. Gleichwohl etablierte sich der Glauben als eine separate geistige Macht nicht nur in den Enklaven der europäischen Kultur.

Es war also nicht erst der nachfolgende Siegeszug der modernen Naturwissenschaften, der zur Neugewichtung des Verhältnisses von Glauben und Wissens geführt hat. Sie geschah vielmehr im Interesse der Wahrung einer Lebensführung im Zeichen der christlichen Botschaft. Luther hat das *sola fide* (»allein aus dem Glauben«) wieder ins Zentrum gerückt, um einen von den weltlichen Interessen freien Raum für die göttliche Botschaft zu sichern. Dass er dem *sola fide* das *sola gratia* (»allein durch die Gnade [Gottes]«) voranstellt, beruht auf seiner (epistemisch begründeten!) Weigerung, den geglaubten Gott einer menschlichen Berechnung zu unterstellen. Da diese theologische Spekulation nur unter der Bedingung des Glaubens möglich ist, wird durch sie der Vorrang des Glaubens zusätzlich gestärkt. Und erst durch das nachgeordnete *sola scriptura* (»allein durch die [Heilige] Schrift«) wird, so paradox das klingt, der Raum für das weltliche, säkulare Wissen eröffnet. Denn die Schrift gibt es nur in einer materialen Form, der Luther unter dem Begriff des »Zeichens« eine denkbar weite Fassung gibt. Alles theologische und weltliche Wissen, damit auch alle wissenschaftliche Erkenntnis, ist an »Zeichen« gebunden. Daraus hat die Semiotik des 20. Jahrhunderts ihr inzwischen unverzichtbares Lehrbuchwissen gemacht.

Folglich ist auch unter modernen Bedingungen daran festzuhalten, dass Gott kein Gegenstand des Wissens sein kann. Manche empfinden das als einen Verlust. In Wahrheit ist es ein Gewinn. Denn dem geglaubten Gott muss man keinen Ort zusprechen, weder innerhalb noch außerhalb der Welt; man kann ihn auch nicht, wie es der Pantheismus versucht, mit der als gegenständlich gefassten Welt identifizieren. Wohl aber kann er als die unbegrenzte Gegenwart gedacht und geglaubt werden, deren Einheit in Korrespondenz zur personalen Einheit des Menschen zu begreifen ist.

Darin liegt keine Abwertung, sondern eine theologische Auszeichnung Gottes, der als die sich in allem gleichermaßen äußernde Kraft und Macht oder, was wohl das Treffendste ist, als die alles umfassende Wirklichkeit verstehen lässt, die in allem gegenwärtig ist. Sie hat es unter keinen Umständen nötig, wie ein von außen hinzukommender Akteur korrigierend einzugreifen. Würde Gott das tun, änderte er damit eben die Ordnung, die uns als Zeichen seiner Erhabenheit und Größe erscheint. Man sieht, dass es nicht nur moderne, sich auf eine deterministische Physik berufende Einwände gegen den Wunderglauben gibt, von dem viele Naturwissenschaftler meinen, erst ihre Wissenschaft nötige dazu, von ihm abzurücken.

Mit dem konsequent geglaubten Gott ist die Einschränkung verbunden, dass ihm nichts zugemutet (oder angedichtet) werden darf, was dem gesicherten Wissen von der Welt widerspricht. Wir können glauben, dass sich Gott im Ganzen wie auch im Einzelnen offenbart, dass sich alles, im Ganzen wie im Einzelnen, als ein Zeichen verstehen lässt, das wir mit seinem Wirken verbinden – weil wir es anders gar nicht verstehen können. Vor diesem Hintergrund müssen wir die Annahme, dass Gott den Naturgesetzen zuwiderhandelt, dass er als Wundertäter eingreift oder gar etwas tatsächlich »Unmögliches« tut, als eine Geringschätzung der göttlichen Ordnung ansehen, in der ja nicht nur er (als Gott) zum Ausdruck kommt, sondern in der wir selbst – mitsamt unserem Wissen und Glauben (und das heißt auch: mit unserem Verständnis des Göttlichen) – möglich sind.

Das Wissen, so können wir die hier im Anschluss an frühe theologische wie auch an gut begründete Überzeugungen der wissenschaftlichen Kultur formulierte Einsicht ergänzen, hat eine Autorität, die weder durch den Glauben außer Kraft gesetzt werden kann, noch von ihm geleugnet werden darf. Wenn es richtig ist, dass der Glauben als Einstellung zum Wissen verstanden werden muss, macht er sich unglaubwürdig, wenn er das Wissen geringschätzt. Zwar kann sich die Neigung, das Wissen beiseitezuschieben, jederzeit einstellen, wann immer die Realität den Erwartungen eines Menschen entgegensteht.

Umso mehr haben die religiösen Gemeinschaften, unabhängig davon, ob sie sich als Gemeinden, Schulen oder Kirchen organisieren, eine (aus der Besonderheit ihres Glaubens erwachsene) Pflicht, das Wissen zu respektieren.

Das kann nicht bedeuten, dass sie alles, was sich als Wissen behauptet, unbesehen übernehmen. Doch wenn sie Zweifel haben, gibt es keinen besseren Weg, als die Wissenschaft selbst um Prüfung anzugehen. Dass zur Begründung einer theologischen Anfrage an die Einzelwissenschaften auch die bestehenden Bedenken vorgetragen werden, versteht sich von selbst. Und da wir wissen, dass mit wachsender Macht und steigendem Ansehen der Wissenschaft auch die Gefahr der Täuschung und des Betrugs ansteigt, haben die Glaubensgemeinschaften allen Grund, die in der Wissenschaft tätigen Personen an ihre Verpflichtung zur Wahrhaftigkeit und zur Offenheit zu erinnern.

Alles dies macht deutlich, wie nahe sich Wissen und Glauben gerade auch in ihrer ausdrücklichen Unterscheidung stehen: Der Glauben bleibt dem Wissen, von dem er sich im Anspruch auf Sachhaltigkeit und Allgemeinheit grundsätzlich unterscheidet, sowohl in seiner epistemischen Form wie auch in seiner kommunikativen Anlage auf das Engste verbunden. Selbst bei größter Differenz in der Reichweite und in der Geltung haben Glaubenssätze die gleiche logische und semantische Struktur wie empirische Beobachtungssätze oder axiomatische Festlegungen einer wissenschaftlichen Theorie.

Die Gemeinsamkeit endet freilich mit der Erwartung, dass sich die Aussagen des Glaubens nach Art einer offenkundig werdenden, gleichsam für alle sichtbar werdenden Wahrheit bestätigen lassen. In einer endzeitlichen Perspektive, in der Gläubige hoffen (oder fürchten), die weltlichen Bedingungen könnten aufgehoben werden und alles werde anders sein, soll das nicht bestritten werden. Doch bis dahin ist nicht zu erkennen, wie sich die Aufgabenverteilung zwischen Glauben und

Wissen ändern sollte. Zunächst also darf man auch in Glaubensfragen auf jene Art von Fortschritt setzen, wie er in den Wissenschaften bereits in Erwartung neuer Erkenntnisse zur Selbstverständlichkeit gehört. Aber es gibt kein wissenschaftliches Argument, das dem Gläubigen die Erwartung eines endzeitlichen »Heils«, einer »Versöhnung« oder »Erlösung« mit erweisbaren Gründen als sinnlos ausreden könnte.

Die Hoffnung auf Fortschritt im Glauben mag es darin geben, dass einer sich wünscht, einen Mitmenschen von der Wahrheit seines eigenen Glaubens überzeugen zu können. Dann setzt er auf einen missionarischen Erfolg. Der mag im Einzelfall dadurch erzielt werden, dass es Beispiele besonderer Standhaftigkeit im Glauben gibt; er kann auch darin begründet sein, dass sich jemand von historischen, kulturellen oder künstlerischen Leistungen einer Religion derart ansprechen lässt, dass er sich ihr anschließt. Hier dürfte auch das Leiden des Jesus von Nazareth, dessen Tod am Kreuz als »Zeichen« seiner Bestimmung zum Christus verstanden wird, seine herausgehobene Überzeugungskraft haben.

Doch so viele geschichtliche Vorkommnisse für die Kraft und Macht einer Religion auch sprechen mögen: in ihnen liegt kein Beweis für deren allgemeingültige Richtigkeit, auch nicht für eine »objektive«, »intersubjektiv verbürgte« Wahrheit des Glaubens. Die eindrucksvollen Beispiele für Glaubensgewissheit, wie wir sie bei bekennenden Gläubigen bewundern und wie sie in der Standhaftigkeit der Märtyrer exemplarisch wird, können selbst wieder nur Indizien für etwas sein, auf das sie verweisen.

Das Wissen erhebt den nur mit seinen Mitteln zu erfüllenden Anspruch auf Sachhaltigkeit und strenge Allgemeinheit. Darin ist es dem Glauben überlegen, der weder durch einen Bezug auf einen gegenständlich gegebenen noch von jedermann in exakt derselben Weise erkennbaren Sachverhalt ausgezeichnet ist. Der Glauben geht in seiner Überzeugungskraft nicht über die sinnliche und logische Gewissheit eines Individuums hinaus. Aber in der Überzeugung seines persönlichen Ausgangspunkts kann er (was dem strikten Wissen bereits beim ganzheitlichen Selbstbegriff der Person unmöglich ist und mit Blick auf das Ganze des Daseins ganz und gar verschlossen bleibt) auf die Einheit der Wirklichkeit ausgreifen und sie glaubend als das alles umgreifende Ganze verstehen. Dies wiederum kann für den Gläubigen als das Göttliche begriffen werden, von dem die Person des Gläubigen nicht ausgeschlossen sein darf.

Damit sind wir am entscheidenden Punkt unserer Untersuchung:

Wissen hat den Maßgaben der Objektivität zu genügen und kann die in mathematischer Darstellung, technischer Umsetzung und im gesellschaftlichen Handeln benötigte Allgemeingültigkeit bieten; Glauben hingegen bleibt in seiner epistemischen Leistung zwangläufig individuell. Er beruht auf einer Evidenz, für die vieles sprechen kann, was im Medium der Lebenserfahrung persönlich, historisch, ästhetisch, kulturell, politisch überzeugt. Letztlich hat der Glauben einen existentiellen Charakter, der nur dadurch auch andere Menschen für sich gewinnen kann. In der Unmittelbarkeit seines individuellen Ausdrucks ist es ihm möglich, stimulierende Empfindungen und erwartungsvolle Gefühle bei Gleichgesinnten auszulösen. So vermag der ganz auf die Disposition des Einzelnen gegründete Glauben gleichwohl helfenden, ermutigenden wie auch tröstlichen sozialen Beistand zu spenden. Er kann zu einem hochgestimmten Erlebnis der Gemeinschaft führen, die den leiblich-seelischen Impuls des religiösen Gefühls in Feier, Fest und kunstvollem Zeremoniell zu kultivieren vermag. Freilich kann der Glauben auch zu wahnhaften Visionen und zu kollektiven Hysterien führen, in denen er sich wohl am weitesten von sich entfernt. Das beste Gegenmittel liegt im Festhalten an seinem individuellen Ausgangspunkt sowie in der Erinnerung an die ursprüngliche Angewiesenheit des Glaubens auf das Wissen.

Alles in allem ist der Glauben in der Lage, die praktisch unverzichtbaren Einheiten des Menschen auf der einen und der Welt auf der anderen Seite so aufeinander zu beziehen, dass sie im Zusammenhang erfahren und in ihrem durch kein Wissen zu ermittelnden Gewinn für die Lebensführung des Einzelnen geschätzt werden können.

So können wir die Besonderheit des religiösen Glaubens im Vergleich mit den vier von ihm unterschiedenen Formen des szientifischen, ethischen, humanitären und kulturellen Glaubens präzisieren:

Die praktische Reichweite des Wissens, vornehmlich also das Urteilen, Entscheiden und Handeln des Einzelnen, geht nur selten über den nächsten unvorhergesehenen Augenblick hinaus. Niemand weiß mit der von ihm im Wissen beanspruchten Verbindlichkeit und Allgemeinheit, was der nächste Tag bringt. Hier gibt es nur Annahmen auf der Basis von Wahrscheinlichkeiten, in die viele mehr oder weniger verlässliche Faktoren eingehen.

Das kann als eine in Wissenschaftstheorie und Alltagspraxis gleichermaßen unstrittige Feststellung angesehen werden. Für Diskussionen sorgt hingegen, in welchem Ausmaß sich bestimmte Entwicklungen vorherberechnen lassen. Die Bemühungen der Forscher beziehen sich dabei nicht nur auf die Einschätzung von Faktoren in der äußeren Natur; es geht auch nicht allein um die vorausschauend-prognostische Erfassung medizinischer, ökonomischer, informations- und verkehrstechnischer Prozesse. Längst wird versucht, durch digitale Steuerung den Einfluss individuellen Fehlverhaltens zu reduzieren, was immer auch einschließt, dass der Spielraum individueller Entscheidungen eingeschränkt wird. Doch die sogenannte Macht des Zufalls bleibt gerade in der Entwicklung derartiger Programme eine feste Größe. Sie ist selbst in den futuristischen Szenarien der Platzhalter des Ungewissen, mit dem die Menschen jederzeit zu rechnen haben.

Doch obgleich das so ist, handeln die Menschen so, als hätten sie die Zukunft in ihrer Hand. Sie wählen ihren Beruf und ihren Partner, entscheiden sich, Kinder zu erziehen, um ihnen einen Weg in die für die Nachwachsenden mit noch mehr Ungewissheit versehene Zukunft zu eröffnen. Bei alledem versuchen die Handelnden, sich selbst in der einen oder anderen Weise festzulegen. Sie denken über das nach, was ihnen inzwischen sogar die Politiker als »gutes Leben« offerieren, bemühen sich um gesunde Ernährung, suchen sich »fit« zu halten und wissen doch nicht, was ihnen das langfristig bringt. Jeder plötzliche Tod eines anderen führt uns das vor Augen, und wir fürchten nicht grundlos, dass es uns selbst schon morgen, auch wenn wir nicht ins Auto oder ins Flugzeug steigen, genauso ergehen kann. Hier also wirkt der epistemische Glauben und lässt uns darauf vertrauen, dass es so kommt, wie wir es aufgrund unseres Wissens annehmen dürfen.

Angesichts dieser so offenkundigen wie bleibenden Unsicherheit kann es bereits als erstaunlich gelten, dass der Einzelne überhaupt Wert auf sich legt. Damit ist nicht nur gemeint, dass er sich selbst im Leben wichtig nimmt, sondern dass es ihm darauf ankommt, wiedererkannt und geschätzt zu werden. Warum und aus welchen Gründen? Was macht es ihm möglich, als verlässlich gelten zu wollen? Warum ist es ihm im öffentlichen Urteil, umgeben von lauter Fremden, nicht gleichgültig, wie man von ihm denkt? Man mag ja noch verstehen, warum er von seinen Nächsten geschätzt werden möchte; aber was kümmert ihn, wie nach seinem Tod über ihn gesprochen wird? Was geht denn den Menschen seine eigene Würde an?

Die Häufung von Fragen kann deutlich machen, in welchem Umfang der Mensch von Erwartungen umstellt ist, die ihn selbst als Person betreffen. Selbst unter den gar nicht zu bestreitenden Konditionen abgrundtiefer Unsicherheit hält er an sich selber fest, so als gäbe es das Ende nicht, bei dem von ihm vielleicht nur das zersprengte Terror-Opfer, der verkohle Rest eines Passagiers oder der Leichnam des für einige Jahre in Demenz versunkenen Patienten übrig bleibt.

Das ist der Punkt, an dem wir feststellen können, dass es nicht nur das Pathos der Erkenntnis (mit dem Glauben an das Wissen) gibt, sondern dass der Mensch bereits in seinen basalen Überzeugungen von moralischen Impulsen geleitet wird, die mit einem Glauben an seine personale Bedeutung verbunden sind. Wer Wert darauf legt, Partner, Freunde und eine ihn herausfordernde Lebensaufgabe zu haben, gesund zu bleiben und von seinen Kindern geliebt zu werden, wer vielleicht auch bereit ist, sich für seine Mitbürger, für Freiheit, Recht und Frieden einzusetzen, darf sich nicht nur epistemische Leistungen zutrauen, die es ihm erlauben, die Verhältnisse, in denen sein Handeln erforderlich ist, richtig einzuschätzen. In alledem muss sein Handeln auch darauf gerichtet sein, dass sein Tun von der Achtung vor der eigenen wie auch vor der Person des anderen getragen sein muss. Schon im Wunsch, in seinen personalen Ansprüchen ernst genommen zu werden, erst recht wenn darauf Wert gelegt wird, für zuverlässig und verantwortlich gehalten zu werden, liegt ein moralischer Anspruch an sich selbst. Und wenn man nicht wenigstens glaubt, dass es sinnvoll ist, sich personalen Selbstanforderungen zu unterstellen, verliert jeder Appell an ethische Normen seine Bedeutung – unabhängig davon, ob man ihn an sich selbst oder an andere richtet.

Da es uns wichtig ist, mit Blick auf alle Formen des Glaubens die Unverzichtbarkeit des Wissens kenntlich zu machen, betonen wir auch hier, dass in jedem Fall zumindest Bruchstücke einer Welt- und Selbstkenntnis gegeben sein müssen. Ehe von einem moralischen Glauben gesprochen werden kann, müssen elementare Ansprüche des epistemischen Wissens erfüllt sein. Dabei gibt es kontinuierliche Übergänge zwischen dem Glück, überhaupt etwas erkennen und benennen zu können, und dem Vertrauen darauf, dass es uns nicht verlässt. Darin ist bereits das Selbstvertrauen angelegt, das im moralischen Glauben an die Personalität des Menschen zum Ausdruck kommt.

Für Kant ist die Achtung vor der Menschheit als ganzer bereits mit der Selbstachtung der Person verbunden. Damit ist die Brücke vom Wissen über den Glauben an das Wissen und den Glauben an den personalen Träger von Wissen und Handeln bis hin zum Glauben an die Humanität gespannt. Vergessen wir nicht: Es gibt keinen empirischen Beweis für die Existenz der Person, der uns auch nur annähernd so überzeugen könnte wie die sinnliche Präsenz ihres Körpers. Und dennoch kann uns unter Umständen im Leben alles an der Wahrung der Würde der Person gelegen sein. In ihr hat die Humanität den Status einer stets mitgedachten Bedingung.

Das ist deshalb gut zu wissen, weil es nicht den Schatten einer historischen Garantie dafür gibt, dass der Idee der Humanität oder die Vorstellung vom Ganzen einer Kultur eine Realität entspricht. Wir wissen ja noch nicht einmal, ob die universelle Einhaltung des Menschenrechts das Überleben der menschlichen Spezies sichert. Und dennoch ist am Gebot der uneingeschränkten Durchsetzung des Menschenrechts und der Bewahrung der Kultur nicht zu zweifeln.

Beim religiösen Glauben an einen göttlichen Grund ist das entsprechend: Gott ist kein Gegenstand des Wissens. Aber die Unverzichtbarkeit des Wissens, die sich damit einstellende Emphase im Anspruch auf Wissen sowie die darin bereits angelegte Wertschätzung der eigenen Person und deren kultureller Fundierung in der Menschheit eröffnen eine Perspektive auf den weltlich-mundanen Zusammenhang, in dem Wissen (mit seinem impliziten Anspruch auf Wahrheit, Personalität und Humanität) möglich ist. Und wenn wir schon an das Wissen, den Menschen, die Menschheit und den sie tragenden kulturellen Kontext glauben: Was liegt näher, als den begrifflich bereits vorgegebenen Akt der Anerkennung des Ganzen zu vollziehen, des Ganzen, das alles nicht nur möglich macht, sondern auch gegenwärtig sein lässt?

Von dieser Gegenwart des Ganzen, die der Präsenz der eigenen personalen Einheit korrespondiert, ist jeder in der Unmittelbarkeit seines Daseins überzeugt. Es nicht bei der Beschränkung auf die faktische Gegenwart des von Bedeutung erfüllten Ganzen zu belassen, ist das auslösende Moment des religiösen Glaubens. In ihm wird das Göttliche – wenn nicht gefunden, so doch wenigstens gesucht. Es ist das, was dem Insgesamt der uns im Ganzen zugänglichen Bedeutungen – nicht zuletzt dem unser eigenes Handeln tragenden Sinn – Bedeutung verleiht. Gesucht (und im Göttlichen vielleicht auch gefunden) ist der Sinn des Sinns.

Wenn wir erkennen, wie viel den Menschen an ihrem bewussten Erleben und an dem nur in ihm möglichen Wissen liegt, ist dieser Schritt zum Glauben an das Göttliche keineswegs nur begrifflich vorgezeichnet. Er wird nicht nur durch den Wunsch einer Aufhebung aller Widersprüche angeleitet. Er wird auch im Fühlen – im Schätzen, Lieben und Hoffen – angebahnt. Der religiöse Glauben schenkt uns das Vertrauen, das wir brauchen, um unter den allemal problematischen Bedingungen unseres Daseins gleichwohl von uns selbst überzeugt zu sein. Und er lässt uns hoffen, als Ganze im Ganzen zur Ruhe zu kommen. Dieses Zutrauen zum Ganzen lässt sich nicht erzwingen. Damit steht außer Zweifel, dass der Glauben Freiheit braucht, um sich selbstbewusst und in Übereinstimmung mit dem Wissen zu entfalten.

Mit einer solchen Überlegung, so ließe sich einwenden, bewegt sich das menschliche Denken noch gänzlich in den Bahnen der metaphysischen Erkundung unserer Bedingungen und Grenzen. Aber in dem Augenblick, in dem es im Abschreiten dieser Grenzen zu der Einsicht gelangt, dass dieses alles bedingende Ganze selbst als das gefasst werden muss, was weder in einer Vorstellung noch in einer Handlung überschritten werden kann, ist die Bedingung selbst auch als das Ziel anzusehen.

Das metaphysische Ganze, zu dem auch die erst in ihm möglichen personalen, sozialen, logischen und ästhetischen Ganzheiten gehören, kann nicht nur als gegeben aufgefasst werden. Es ist immer auch aufgegeben. Und sobald es als Ermutigung verstanden wird, die ich auf mich persönlich beziehe, ist der Übergang zu einer religiösen Auffassung im engeren Sinn vollzogen. Ich begreife es nicht nur als die in sich selbst zurückwirkende Totalität aller Ereignisse, sondern erkenne sie in ihrer Bedeutung für mich selber an.

Diese Anerkennung hat die Erfahrung eines dem absolut Sinnlosen ausgelieferten Entsetzens im Hintergrund, dem es sich in schwer fassbarem Erstaunen über den in ihm selbst gleichwohl nicht verlorenen Sinn entzieht. Das kommt dem Erleben des Erhabenen nahe, in dem die Furcht mit der Fähigkeit, ihr standzuhalten und damit dem Schrecklichen gewachsen zu sein, überwunden ist. Man kann auch von einer tragischen Erfahrung sprechen, der wir uns aus Achtung vor uns selbst gewachsen zu erweisen suchen.

Unter diesen Bedingungen kann sich die anerkennende Hinnahme des Ganzen zu einer Ehrfurcht vor dem Ganzen wandeln, das damit nicht nur als das uns prinzipiell Überlegene begriffen werden muss, sondern uns als das uns selbst Umfassende ergreift. Im Erleben dieser von uns mitgetragenen Einbindung ist der Schritt von einer metaphysischen Betrachtung des Ganzen zu einer religiösen Hingabe getan. Dieses Ineinander von Begreifen und Ergriffensein hat eine rationale Theologie verständlich zu machen.

Die skizzierte Herleitung des Verhältnisses zum Göttlichen hat den Vorteil, dass sie zwar vom Wissen ausgeht, aber durch den fundierenden Anteil des Sinns das Gefühl von vornherein einbezieht. Die Exposition der psycho-physischen Dimension des Sinns stellt auch klar, dass die rationale Theologie nicht darauf bestehen muss, eine von der Natur kategorial unterschiedene zweite Realität des reinen Geistes anzunehmen, die uns überdies noch auf Gedeih und Verderb vom wissenschaftlichen Fortschritt abhängig macht.

Es ist das Pathos eines auf die Sinnerwartung des Menschen gegründeten religiösen Glaubens, das Fundament einer als lebendig begriffenen Natur gar nicht erst verlassen zu müssen. Wir haben den Glauben nötig, damit wir im Einvernehmen mit unserer Erkenntnis und in der Hoffnung auf Erhaltung und Entfaltung unseres Daseins leben können. Ein Glauben, der uns, und sei es auch nur epistemisch, aus diesem Leben entfernt, kann uns unmöglich helfen, im Leben und Sterben zu bestehen.

Wenn es richtig ist, was der Dominikaner Timothy Radcliffe über Religion und Gott sagt, nämlich dass es der »Sinn der Religionen ist […], auf Gott hinzuweisen, der der Sinn von allem ist,«[12] dann ist es gar nicht anders möglich, als mit dem religiösen Glauben mitten im Leben anzusetzen, und ihn nicht auf eine Schulkonstruktion in der Transzendenz logischer Gegenwelt festzulegen.

Im religiösen Glauben geht es darum, das als erhaben erlebte und von uns in seiner uns tragenden Übermacht anerkannte göttliche Ganze des Daseins auch als persönlich verstandenen

12 Timothy Radcliffe, *Warum Christ sein – Wie der Glaube unser Leben verändert*, übers. von Sabine Schratz, Freiburg i. Br. 2014, S. 7.

Gott ansprechen zu können. Dieses personale Verständnis der göttlichen Übermacht beruht auf der bereits im Glauben gesuchten Korrespondenz einer Person zum Ganzen des Daseins. Auf beiden Seiten wird eine Einheit unterstellt, die im Verhältnis des Menschen zum Göttlichen ihre Entsprechung finden muss.

Damit ist die Verbindung der aus einem emphatischen Weltbezug stammenden Sinntheologie zu den monotheistischen Religionen hergestellt, die aus dem Überlieferungsbestand des Alten Testaments hervorgegangen sind. Die Verbindung zum Christentum liegt auch deshalb nahe, weil das Neue Testament kein Wissen – damit auch keine wissenschaftlichen Theorien – ausgrenzt, wenn es sich mit größter Selbstgewissheit allein auf den Glauben gründet. Was als seine größte Zumutung erscheint, nämlich dass der übermächtige Gott sich nicht nur dem an ihn glaubenden Menschen zuwendet, sondern sogar in einer menschlichen Gestalt auftritt, die dem Menschen die Furcht vor Gott nehmen kann, sobald er sich ihm in Liebe zuwendet – das wird hier zur Sinnbedingung eines Glaubens, der die Leistungen des Wissens respektiert, aber weiß, dass er in allen seinen Akten das Wissen im Interesse des Menschen zu überschreiten hat.

Gott, so lässt sich Hegels maßlose Rede von der »Religion« als dem »Wissen des göttlichen Geistes«, der nur durch die »Vermittlung des menschlichen Geistes von sich wissen« (!) können soll,[13] auf die Verhältnisse beziehen, unter denen der Mensch von sich und der Welt wissen und zum Glauben finden kann. Gott ist das, worauf hin der Mensch die Hoffnung haben kann, im Ganzen seines Daseins ernst genommen zu

13 G. W. F. Hegel, *Vorlesungen über die Philosophie der Religion I*, III 2 c: »Übergang zum spekulativen Begriff der Religion« (*Werke in 20 Bänden*, Bd. 16, Frankfurt a. M. 1969, S. 198).

werden. Diese Hoffnung setzt auf eine Offenbarung Gottes in einer Gestalt, in der sich der Mensch in seinen besseren Möglichkeiten erkennt.

Im christlichen Evangelium ist die der Sinntheologie zugrunde liegende Korrespondenz von menschlicher Person und Gott in eine Erzählung überführt, deren Tragik in das erlösende Moment eines Heilsversprechens umschlägt. Im Zeichen dieser Korrespondenz von göttlicher und menschlicher Person sollte sich auch der Verdacht erledigen, der auf den Sinn des Sinns gründende Versuch über das Göttliche sei nur eine abwegige Form des Pantheismus.

Der Versuch ist vielmehr auf das Bemühen gegründet, Gott als das anzunehmen, was dem Menschen die Kraft zum Glauben gibt. Glauben ist keine Schwäche des Menschen, sondern eine Stärke, durch die er das Wenige, das ihm innerhalb der Grenzen seines Empfindens, Fühlens und Wissens vorkommt, im Ganzen des Daseins zur bestmöglichen Entfaltung bringen kann.

7 Gemeinsame Verantwortung vor der Welt

Ein Ertrag der voranstehenden Überlegungen ist, dass Wissen und Glauben nicht voneinander zu trennen sind, obgleich der letzte Schritt zum Glauben an eine göttliche Gegenwart ganz auf der Freiheit des Einzelnen beruht. Welche theologischen Schlussfolgerungen aus den gewonnenen Einsichten gewonnen werden können, muss den Theologen überlassen bleiben. Solange sie das »weltliche« Wissen nicht geringschätzen, ist ihr Urteil auch für die Philosophie erheblich.

In philosophischer Perspektive ist es wichtig, auf der weiterhin bestehenden Verbindung zwischen Metaphysik und Theologie zu bestehen. In nunmehr wohlbegründeter Frontstellung gegen Comte und die ihm folgenden Spielarten des Positivismus ist auch der Brückenschlag zwischen den Wissenschaften und den sie tragenden Erwartungen möglich. Er kann nur unter den Konditionen eines pragmatischen Verständnisses von Philosophie gelingen, denn er muss Motive aufnehmen, die bereits dem Alltagswissen seine lebenspraktische Bedeutung geben.

Ohne die ergänzende Leistung des über die stets gegebenen engen Grenzen unseres Wissens hinausgehenden Glaubens bliebe von der Wissenschaft bestenfalls eine Erhellung für den Augenblick. Tatsächlich aber ist sie auf Sicherung, Verbesserung und Erweiterung ihrer Bestände angelegt und verlangt aus eigener Logik nach Fortschritt in ihrem eigenen Wissen. Sie also wird von einem epistemischen Glauben angetrieben, der die spezielle Form des szientifischen Glaubens annehmen kann.

Wenn es nun aber so sein sollte, dass die Wissenschaften ohne ethische Selbstkontrolle nicht auskommen und sich inzwischen nicht nur Epidemiologie und Ökologie, sondern selbst die Geophysik auf Selbsterhaltung und Selbstentfaltung der

Menschheit ausrichten, dann sind auch sie von ethischen und humanitären Impulsen nicht frei. Also ist es nicht unangemessen, in den Wissenschaften insgesamt auch moralische und humanitäre Antriebe wirksam zu sehen, die dem umfänglicheren Begriff eines kulturellen Glaubens verbunden sind.

Dieser Befund darf freilich nicht dazu führen, der Wissenschaft selbst religiöse Motive zu unterstellen. Davon muss auch die Philosophie freigehalten werden. Wenn sie weiterhin die Metaphysik und die – früher auch unter dem Titel einer *ontologia specialis* verhandelte – rationale Theologie zu ihren Themen rechnet, hat sie sich gerade darin gegen religiöse Einflussnahme und Indoktrination zu verwahren.

Doch eine Konsequenz kann aus dem Aufweis der logischen und emotionalen Verbindung zwischen dem szientifischen, ethischen, humanitären und kulturellen Glauben auf der einen und dem religiösen Glauben auf der anderen Seite gezogen werden: Aus der Sicht strenger Wissenschaft gibt es nicht den geringsten Grund, gegen die Religion als solche zu polemisieren. Mag sein, dass einzelne Wissenschaftler es nicht verstehen, warum jemand das Bedürfnis hat, über die bestehenden Sinnangebote des sozialen Lebens, der Kultur und der Kunst noch hinausgehen zu wollen. Aber ihm daraus im Namen der Wissenschaft einen Vorwurf zu machen, bedeutet in jedem Fall eine unzulässige Überschreitung wissenschaftlicher Kompetenz.

Das gilt natürlich nicht für die Kritik an den Inhalten religiöser Lehren. Auch die kulturelle und politische Praxis von Religionsgemeinschaften ist nicht sakrosankt. Im Gegenteil: Gerade weil es Kirchen und Glaubensrichtungen gibt, die sich durch den dogmatischen Gehalt ihrer Botschaft vom freien Urteil der offenen Gesellschaft (ohne die sie gar nicht mehr bestehen könnten) ausschließen, bedürfen sie vorbehaltloser Analyse und kritischer Bewertung auch durch die Wissenschaft.

Im Licht der erzielten Einsichten muss die Wissenschaft auch keine Rücksicht auf den ihr immer wieder unterstellten eurozentrischen Kolonialismus nehmen. Es sollte jedem klar sein, dass damit zwar eine Schuld angesprochen ist, der sich die Europäer nicht entziehen dürfen. Aber mit Blick auf die Religionen, mit denen wir es derzeit im Weltmaßstab zu tun haben, kann man sagen, dass sie alle die gleichen zivilisatorischen Wurzeln haben wie die Wissenschaften, deren Quellen älter sind als die der mit lehrhaften Beständen auftretenden Religionen.

Aus Gründen rationaler Ökonomie und einer durchaus beschränkten Kenntnis anderer Religionen hat sich die hinter uns liegende Betrachtung auf den Kulturkreis des Nahen Ostens und Europas beschränkt. Die hier groß gewordenen Religionen der Juden, Christen und Muslime entstammen alle einem älteren Impuls, der aus den Kulturen des Wissens stammt, die hier, vor allem am Euphrat und am Nil, schon länger wirksam waren. Insofern sind sie ursprünglich mit dem Anspruch auf Wissen verbunden, dem sie sich nicht deshalb entziehen können, weil es ihnen für ihr Leben und Sterben nicht genügt. Sie haben das Wissen zu respektieren und können auf ihren Fortbestand als Religionsgemeinschaften nur dann rechnen, wenn sie ihre Lehren im Einvernehmen mit den Erkenntnissen der Wissenschaft begründen. Die genannten Religionen haben nur dann eine Zukunft, wenn sie, wie es ihrer biblischen Tradition entspricht, mit dem Wissen ihrer Zeit über die Grenzen des Wissens hinauszugehen versuchen. In Opposition zur Wissenschaft können sie nur unter Konditionen einer politischen Herrschaft bestehen, deren Agenten nichts fremder ist als der Glauben, den sie angeblich zu verbreiten suchen. Ich denke hier keineswegs nur an den sogenannten Islamischen Staat. Auch in der politischen Geschichte Europas hat es zahllose Herrscher gegeben, denen der religiöse Glauben, in dessen Namen sie aufgetreten sind, ziemlich gleichgültig war.

Mit Blick auf die anderen großen Religionen der Gegenwart, insbesondere auf Buddhismus, Hinduismus und Brahmanismus sowie auf religionsnahe Lehren wie den Konfuzianismus und Taoismus, wäre es zwar nicht so leicht, ihre szientifischen Quellen freizulegen. Aber da sie alle auf hochkultivierten Praktiken, rationalen Techniken und theoretischen Erklärungen beruhen und sich sämtlich einer versierten Schriftlichkeit bedienen – und damit epistemisch angeleiteten Zivilisationen entstammen –, steht auch bei ihnen außer Zweifel, dass sie auf einem breiten Sockel ausgearbeiteten Wissens aufruhen. Sie alle treten fast gleichzeitig in der Achsenzeit der Menschheit, also in der Mitte des letzten Jahrtausends vor der Zeitenwende, auf und – sie haben von Anfang an voneinander gewusst. Ihnen heute mit methodologischen Vorkehrungen entgegenzutreten, wie sie bei Stämmen und Völkern abseits der von Europa bis China reichenden Entwicklungsachse durchaus angebracht sind, wäre ein Wissenschaftsverständnis, das seine globalen Ursprünge verleugnet.

Angesichts dieser gemeinsamen Herkunft und den sie alle stabilisierenden Momenten des Wissens sollten die Gläubigen insgesamt die Konsequenz ziehen, gemeinsam Verantwortung für ihre eigene Glaubwürdigkeit zu tragen. Das wissenschaftliche Wissen organisiert sich längst in international vernetzten Vereinigungen, die eine eigene Stimme haben und vielfältige Formen der Beratung von Gesellschaft und Politik nutzen. Die Wissenschaft erkennt darin ihre Verbindlichkeiten gegenüber der menschlichen Gemeinschaft an. Der Glauben ist dagegen im internationalen Rahmen nur partiell organisiert, so etwa in dem auch »Weltkirchenrat« genannten Ökumenischen Rat, in der seit Jahrhunderten weltweit agierenden römischen Kurie oder in dem nahezu sechzig Mitglieder umfassenden Zusammenschluss islamischer Staaten. Hier, so sollte man annehmen, werden primär die Interessen der zugehörigen Gläubigen wahrgenommen.

Dabei darf es jedoch nicht bleiben. Es gibt weltweite technologische, wissenschaftliche und politische Entwicklungen, die den Glauben insgesamt betreffen. Also sollten sich die Glaubensgemeinschaften weltweit verständigen. In den großen Fragen der globalen Politik: Frieden, Schutz der Umwelt, Gesundheit und Ernährung, Wahrung des Rechts und namentlich Asyl, Terrorismus und Toleranz, sind sie alle betroffen. Alle sind daran interessiert, den Bestand ihres Glaubens zu sichern, den sie teils durch den Prozess der Modernisierung, teils durch die Aktivität anderer Religionen gefährdet sehen. Es käme somit darauf an, dass die Religionen in ein sie alle einbindendes Gespräch miteinander finden, um in der Lage zu sein, bei gegebenen Anlässen mit einer Stimme zu sprechen.

Es ist daher ein vorrangiges weltpolitisches Ziel, dass möglichst alle Glaubensgemeinschaften in einer weltumspannenden Organisation zusammenfinden, um aktiv an der Wahrung einer Welt mitzuwirken, in der die Gläubigen geschützt und geachtet werden. Das könnte nach Art einer ständigen Weltkonferenz der Religionen geschehen und sollte eine Chance bieten, deren eigenes Interesse gegenüber der Politik zu artikulieren. So paradox es klingt: Ein globales Forum der Glaubensgemeinschaften könnte auch einen Weg eröffnen, den Glauben von seiner ihn letztlich zerrüttenden Abhängigkeit von der Politik zu befreien. Wenn es gelingen soll, in Anerkennung der Notwendigkeit des Wissens und der Wissenschaft sowie im Respekt vor den Instanzen des Rechts und einer ihm verpflichteten Politik ein weltweit sichtbares Zeichen für die Freiheit des Glaubens zu setzen, wäre das wohl der wichtigste Dienst, den man dem Glauben erweisen kann.